바보 의사
장기려

성자가 된 옥탑방 의사

예수님처럼 살다 간 의사 장기려 할아버지

예수님이 의사로 태어났다면 어떻게 살았을까요? 한번 상상해 보세요. 그런데 실제로 예수님처럼 살다 가신 분이 있어요. 바로 장기려 할아버지예요. 장기려 할아버지에게서 치료를 받은 환자들은 할아버지에게서 받은 게 사랑이란 걸 알았대요. 도대체 장기려 할아버지가 어떻게 하였기에 그럴까요?

▲ 장기려 할아버지 가족들
앞줄 왼쪽부터 둘째아들 가용, 부모님(장운섭, 최윤경),
아내 김봉숙 여사, 큰딸 신용, 큰아들 택용. 뒷줄 왼쪽 막내삼촌 장죽섭, 장기려 박사.

▲ 송도 고등 보통학교 4학년 때(앞줄 오른쪽이 장기려).

▲ 경성 의학 전문학교 시절 장기려.

▲ 1940년 초 평양 연합 기독 병원으로 떠나기 전 경성 의전 의료진과 함께.
(양복을 입은 사람 가운데 오른쪽부터 백인제 선생, 장기려 박사)

늘 자신을 부끄러워하는 옥탑방 할아버지

장기려 할아버지는 나라 밖에까지 알려진 외과의사이면서도 병원 옥상에 있는 허름한 방에서 살다 돌아가셨어요. 그러면서도 자긴 가진 게 너무 많다고 늘 부끄러워하였지요. 아시아의 노벨상이라고 하는 막사이사이상을 받았을 때도 몹시 부끄러웠대요. 그래도 상금을 가난한 환자들에게 쓸 수 있어서 좋았다니 말 다했지요.

▲ 진료실에서 환자를 기다리는 장기려 할아버지.

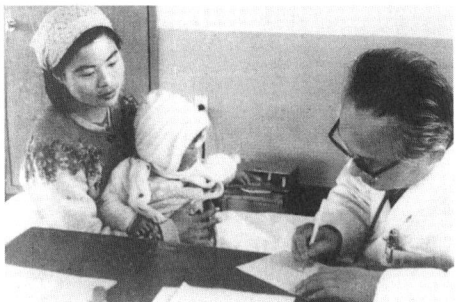

▲ 환자를 진료하는 장기려

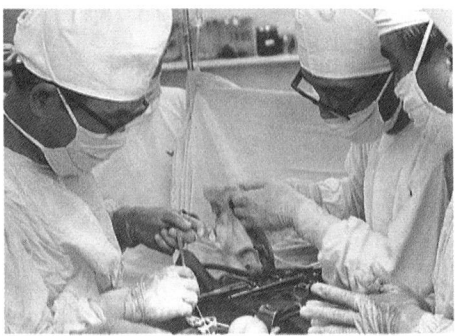

▲ 환자를 수술하는 장기려
장기려 박사는 우리 나라에서 처음으로 간 절제수술을 해냈고, 수술할 때마다 해부학 책을 펴놓고서 수술부위를 확인하기도 하였다.

장기려 할아버지는 하느님을 믿는 의사는 늘 이래야 한다고 믿었어요.
첫째, 환자를 내 몸같이 사랑하라.
둘째, 직업의식으로 일하지 말고 사명감으로 일하라.
셋째, 맡은 일에 최선을 다하고, 칭찬 받으려고 하지 말라.

▲ 교회 창고를 빌려 세운 복음병원(부산 영도) 앞에서 간호사들과 함께.(1950년대) 가운데 안경 쓴 이가 장기려.

▶ 청십자 의료보험 조합 시절. (오른쪽에서 현판을 잡고 있는 장기려 박사)

▲ 1979년 막사이사이 사회 봉사상을 받는 장기려 할아버지.

▲ 장기려 할아버지가 살던
　복음병원 옥상에 있는 옥탑방.

▲ 의학책을 보고 있는 장기려 할아버지.

▲ 장기려 할아버지의 둘째아들(장가용)이 2000년 8월 17일 평양 고려호텔에서 어머니 김봉숙 여사를 만났다.

▲ 부인 김봉숙 여사(2004년 4월 16일 돌아가심)와 장기려 할아버지. 살아서는 끝내 만나지 못한 두 사람을 북한에 살고 있는 손녀가 컴퓨터로 합성하여 만나게 해 주었다.

우리인물이야기 05

바보 의사 장기려_
성자가 된 옥탑방 의사

2006년 11월 20일 처음 펴냄
2021년 3월 5일 12쇄 펴냄

지은이 • 강이경
그린이 • 권정선
펴낸곳 • (주)우리교육
펴낸이 • 신명철
등록 • 제313-2001-52호
주소 • 03993 서울시 마포구 월드컵북로 6길 46
전화 • 02-3142-6770
팩스 • 02-3142-6772
홈페이지 • www.uriedu.co.kr
제조국명 • 대한민국
사용연령 • 12세 이상
주의사항 • 종이에 베이거나 긁히지 않도록 조심하세요.
　　　　　책 모서리가 날카로우니 던지거나 떨어뜨리지 마세요.

· 잘못된 책은 구입하신 서점에서 바꾸어 드립니다.
· 이 책의 내용을 쓰려면 반드시 저작권자와 (주)우리교육에 서면 허락을 받아야 합니다.
· 책값은 뒤표지에 있습니다.

ⓒ 강이경, 권정선, 2006
ISBN 978-89-8040-725-5 74810

이 책의 국립중앙도서관 출판시도서목록(CIP)은 e-CIP 홈페이지(http://www.nl.go.kr/cip.php)에서 이용할 수 있습니다.
(CIP제어번호 : CIP2006002334)

바보 의사
장기려

성자가 된 옥탑방 의사

우리교육

예수님이 의사로 태어나셨다면?

　예수님이 의사로 태어나셨다면 어떻게 사셨을까요? 한번 상상해 보세요. 가난해서 치료를 받지 못하는 사람, 더럽고 냄새나는 행려병자들을 찾아가셨을 거예요. 그리고 나중에는 돈이 없어 치료를 받지 못하는 사람이 하나도 없는 세상을 만들려고 애쓰셨을 거예요.

　그런데 실제로 그렇게 살다 가신 분이 있어요. 바로 장기려 박사님이에요. 박사님께 치료를 받은 환자들은 박사님께 받은 게 사랑이란 걸 알았대요. 도대체 박사님이 어떻게 하셨기에 그럴까요?

　박사님은 세계적인 외과 의사이면서도 병원 옥상에 있는 허름한 방에서 살다 돌아가셨어요. 그러면서도 자기는 가진 게 너무 많다고 늘 부끄러워하셨지요.
　사람들에게 칭찬받는 것도 좋아하지 않으셨어요. 받은 상과 메달을 몽땅 돈으로 바꿔 오라고 하실 정도였지요.

아시아의 노벨상이라고 하는 막사이사이상을 받을 때도 몹시 부끄러우셨대요. 그래도 상금을 가난한 환자들에게 쓸 수 있어서 좋으셨다니 말 다했지요.

박사님 이야기를 쓰면서 몇 번이나 "어휴! 어휴!" 했는지 몰라요. 남들한테는 그렇게 잘하시면서 자신한테는 너무하셔서 속상했거든요.
박사님의 매력은 한두 가지가 아니지만, 한 번 한 약속은 꼭 지키신 게 가장 멋졌어요. 제자와 만나기로 한 약속을 지키려고 대통령이 부르는데도 안 간 사람은 박사님뿐일 거예요.

그런 박사님이 하느님께 맹세한 게 한 가지 있었어요.
이제부터 그 이야기를 할 거예요.

강이경

차례

예수님이 의사로 태어나셨다면? • 10

난 도둑놈이 아니야 • 14

도대체 난 뭐가 될까 • 22

이놈들아, 담배 피우고 있으면 해방이 되나 • 30

내가 미친놈이지 • 38

등잔 밑이 어둡다더니 • 47

하느님과 한 약속이 먼저입니다 • 56

제까짓 게 박사면 다야 • 64

박사님이 믿는 하느님이라면 저도 믿겠습니다 • 72

기다리던 해방은 되었지만 • 80

뻔뻔한 예수쟁이 놈이 뭐가 대단하다고 • 88

당신, 빨갱이지 • 98

식구 수대로 월급을 가져갑시다 • 107

어서 뒷문으로 도망가세요 • 116

내가 죽을 때까지 자네를 책임지겠네 • 125

사랑이 기적을 만들지 • 131

사기를 치려면 크게 치라고 해 • 140

보고 싶은 얼굴 • 148

난 도둑놈이 아니야

난 어렸을 때 욕심이 참 많았어. 할머니가 아기 때부터 너무 오냐오냐하며 키워서 그랬는지 몰라도, 아무튼 그랬단다.

게다가 남한테 지고는 못 살았어. 어쩌다 지기라도 하면 하루 내내 울고불고 난리도 아니었지.

끈질기기는 또 얼마나 끈질겼는지 몰라. 키는 작달막해 가지고 말이야.

그 시절 우리는 추우나 더우나 하루 내내 밖에서 놀았어. 겨울에는 꽁꽁 언 논바닥에서 팽이 치고, 썰매 타고, 여름에는 물에 풍덩 뛰어들어 헤엄치고, 물고기 잡고. 그러다 보면 어느새 해가 떨어졌지.

세상에서 친구가 제일일 때였어.

그래, 어느 해 겨울 이야기부터 해 볼게. 아이들과 팽이치기하고 노는 게 하루 일이던 때 말이야.

친구 가운데 우리 집 땅에 농사를 짓고 사는 소작인 집 아들이 있었단다. 그런데 우리 사이에 문제가 딱 한 가지 있었어. 우리 팽이는 다 나무 팽이인데 그 아이 팽이만 돌로 만든 팽이였던 거야.

나무 팽이가 아무리 죽을 똥을 싸도 돌 팽이를 이길 수가 있어야 말이지. 아버지한테 당장 돌 팽이를 만들어 달라고 했지.

"돌 팽이 하나만 만들어 주세요. 걔한테 지기 싫단 말이에요."

그러자 아버지가 대뜸 이러시지 뭐야.

"걔가 이기면 좀 어때서 그러느냐!"

그걸로 끝이었어. 더는 떼를 쓰지 않았어. 그래 봤자 아무 소용이 없다는 걸 알았거든. 하지만 가만히 있을 순 없었지. 그날 밤, 눈을 꼭 감고 최면을 걸었어.

"내일은 꼭 내가 이긴다, 내일은 꼭 내가 이긴다……."

아주 많이 바라면 꼭 그렇게 된다고 할머니가 말씀하셨으니까.

다음 날 아침, 밥숟가락을 내려놓기가 무섭게 논으로 달려갔단다. 그렇게 주문을 외웠으니 정말 이길 거라고 생각한 거였지. 그래서 어떻게 되었느냐고? 하하하, 돌 팽이한테 졌지, 뭐. 아주 당연한 일인데도 그때는 정말 화가 나더구나.

"치, 그럼 그렇지. 어떻게 나무 팽이가 돌로 만든 팽이를 이기겠어? 믿는 대로 된다고? 순 거짓말……."

얼마나 툴툴거렸는지 몰라.

그런데 이게 웬일이야? 어느 날, 교회에 갔는데, 신발장 위에 돌 팽이 하나가 딱 놓여 있지 뭐야. 그 아이 팽이였

어! 팽이를 노려보는데 가슴이 쿵쿵 뛰고 입 안이 바짝바짝 마르더구나.

"에라, 모르겠다!" 하고 냉큼 주머니에 넣었지.

모르는 척 예배를 보는데 심장이 벌렁벌렁하면서 그 아이 뒤통수만 보이더구나.

아무튼 돌 팽이를 갖긴 가졌는데 그 다음부턴 엉망이었단다. 돌 팽이가 누구 건지 다 알 텐데 어떻게 나가 놀겠어. 괜히 집어 왔구나 싶은 게 자꾸 후회가 되더라고. 그런데 도로 갖다 놓고 싶지도 않은 거야. 마음이 얼마나 복잡한지 어찌해야 좋을지 모르겠더라. 그러다 눈 딱 감고 돌 팽이를 들고 나갔지. 아니나 다를까, 그 아이가 자기 팽이를 딱 알아보는 거야.

"너 그 팽이 어디서 났어?"

나는 고개를 빳빳이 들고 그 아이를 노려보았지.

"주웠다, 왜!"

그 아이 얼굴이 벌게졌어.

"내 거니까 당장 이리 내!"

"싫어! 주운 사람이 임자야!"

"그런 법이 어디 있어?"

"여기 있다, 왜!"

나는 소리를 꽥 지르고 와 버렸어.

그 아이는 그날부터 며칠을 날 쫓아다녔단다. 자기 팽이 돌려 달라고. 그래도 안 돌려주었어. 그랬더니 포기했는지 언제부턴가 안 쫓아다니더구나. 그런데 참 이상하지. 그 아이가 안 쫓아다니니까 그것도 서운하지 뭐야. 혼자서 팽이치기를 하는 것도 하루 이틀이지 며칠을 그러고 있으려니 솔직히 죽을 맛이더구나.

끝내 큰맘 먹고 팽이를 돌려주러 갔지. 그런데 가는 날이 장날이라고 그 아이가 집에 없지 뭐니. 그렇다고 도로 갖고 오기도 싫더라고. 그래서 개울에 휙 던져 버렸단다.

개울 바닥에 가라앉아 있을 팽이를 생각하니 잠도 오지 않더구나. 내가 뒤척이는 게 걱정이 되었는지 할머니가 물었단다.

"우리 금강석이, 무슨 일이 있느냐?"

난 돌아누운 채 모기만 한 소리로 대답했지.

"아니요."

"그럼, 어디 아픈 게냐?"

"아니요."

자꾸 아니요만 하니까 할머니도 더는 안 물어보더구나. 그러고는 다음 날 부흥회에 같이 가자고 하였어. 설교 잘하시는 목사님이 오신다면서.

목사님이 설교를 잘하신다더니 그 말이 딱 맞았어. 다음 날, 목사님이 설교를 마치더니 교회가 떠나가라 이렇게 외치셨으니까.

"도둑질한 자는 회개하라!"

심장이 딱 멈추는 줄 알았어. 목사님 손가락이 나를 가리켰던 거야.

'목사님은 내가 팽이를 훔쳤다는 걸 어떻게 알았을까?'

찬송가를 부르는 내내 그 생각만 했단다.

드디어 예배가 끝나고 밖으로 나갔더니 그 아이가 나무 밑에 서 있더구나. 슬금슬금 다가갔지. 그 아이가 나를 보더니 얼굴을 찌푸렸어.

"미안해, 내가 나쁜 놈이야. 자, 팽이 값이야. 팽이는 버렸어."

나는 얼른 그 아이 손에 이 전을 쥐어 주었단다. 그 아이는 손바닥을 보고는 아무 말도 하지 않았어. 하지만 기분이 나쁜 것 같지는 않더구나. 기분이 나빴으면 나한테 "잘 가." 하고 인사하지 않았을 테니까.

세월이 아무리 많이 흘러도 그날을 잊을 수가 없어.

캄캄한 지하 감옥에 있다가 나온 것처럼 그렇게 홀가분할 수가 없었거든. 집으로 돌아오는데 발이 붕 뜨는 것 같았지.

아무튼 그날 난, 다시는 남의 물건에 손대지 않겠다고 다짐했단다.

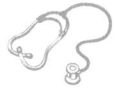 **도대체 난 뭐가 될까**

내가 태어난 1911년은 일본이 우리 나라를 강제로 점령한 다음 해란다.

그때는 웬만한 부자가 아니고는 모두들 참 어렵게 살았어. 많이 거두면 많이 거두는 대로, 적게 거두면 적게 거두는 대로 일본 놈들이 소출이라는 이름으로 다 거둬 갔기 때문이야.

그래도 내가 태어난 평안북도 용천은 다른 데보다는 살

기가 좀 나았어. 외국 문물이 들어오는 길목이라서 상인도 많고, 자기 땅에 농사를 짓는 자작농도 많았거든.

우리 집안도 잘살았단다. 할아버지는 남의 집 농사를 짓는 소작농을 관리하는 분이었는데도 땅이 아주 많았지.

사는 형편이 나아서 그런지 용천에는 배운 사람이 많았어. 우리 아버지도 많이 배운 분이었어. 사람들은 아버지를 장 향유사라고 불렀지. 향유사는 향교 일을 맡아 하는 사람이란 뜻이야.

내가 여섯 살에 천자문을 뗀 것도 한학자인 아버지 덕분이었어.

"하늘 천, 따 지, 검을 현, 누를 황!"

얼마나 재미있던지 몇 번 따라하고 나니 저절로 외워지지 뭐야.

그것이 기특해 보였는지 아버지 친구 한 분은 툭하면 내게 장난을 쳤단다.

"우리 도련님 어디 가시나? 교회 가시나?"

"안녕하세요, 아저씨."

나는 웃음이 나오려는 걸 꾹 참았단다. 아저씨가 무얼 할지 알았거든.

"기려야, 이게 뭐지?"

아저씨는 웃옷을 올리고는 배를 가리켰지. 그럼 난 그 정도는 누워서 떡 먹기라는 듯 외쳤단다.

"배 복이오!"

"허 그놈 참, 똑똑하기는. 누가 장 향유사 아들 아니랄까 봐."

아저씨는 등을 두드려 주고는 맛난 걸 쥐어 주었어. 난 그게 좋아서 아저씨네 집을 지날 때마다 일부러 천천히 걸었단다.

아버지는 한학만 고집하지 않았어. 신식 교육도 아주 중요하게 생각하였지. 아버지가 의성 소학교를 세우고 교장 선생님이 된 것도 우리 나라가 독립하려면 신식 교육을 해야 한다고 생각하였기 때문이야.

아버지는 독립 운동가들에게 독립 자금도 대 주었어. 그래서인지 아버지를 따르는 사람들이 아주 많았단다.

나를 가장 아껴 주신 분은 할머니야. 할머니는 기독교에 대한 믿음이 아주 강한 분이었어. 교회 주춧돌에도 할머니 이름이 새겨져 있을 정도였지. 할머니는 늘 나를 위해 기도하였어. 어쩌면 내가 너무 약해서였는지도 몰라. 일 년 내내 감기를 달고 살지, 툭하면 배 아프지, 게다가 가끔 기절까지 했으니까.

내가 쓰러지기라도 하면 집안이 발칵 뒤집혔단다. 한의사가 달려와 침을 놓고 뜸을 뜨면, 집사님이 달려와 기도하고 찬송하고 난리도 아니었지. 오죽하면 금강석처럼 단단해지라고 나를 '금강석'이라고 불렀겠느냐고.

난 겁도 무지 많았단다. 바람이 휘잉 불면 귀신이 우는 소리 같고, 방문에 나무 그림자만 어른어른해도 저승사자가 날 잡으러 온 것 같았어.

"으으으······."

이불 속에 들어가 와들와들 떨고 있으면 할머니가,

"우리 금강석이 또 무얼 갖고 그러는 게냐?"

하며 꼭 안아 주었단다. 왜 그런지 몰라도 할머니 품에 있으면 아무것도 무섭지 않았어.

아무튼 남보다 못한 것이 많았지만 그렇게 형편없는 아이는 아니었단다. 엄마한테 야단맞는 날만 빼면.

이상하게 난 찬물만 마셨다 하면 뱃속이 꾸르륵거리며 창자가 뒤틀리더구나.

"아이고, 배야……."

그럴 때마다 한 손으로 배를 잡고, 또 한 손으로는 입을 막고는 방바닥을 데굴데굴 굴렀단다. 엄마가 듣기라도 하면 난리가 나니까.

그래도 엄마는 귀신같이 알고 방문을 열었단다.

"넌 어떻게 된 애가 그렇게 말을 해도 못 알아듣니? 엄마가 찬물 마시지 말랬지!"

"잘못했어요. 다음부턴 안 그럴게요……."

두 손바닥을 싹싹 비벼도 소용이 없었지.

"안 그러긴 뭘 안 그래! 이번이 도대체 몇 번짼데!"

엉금엉금 기어서 방 한구석에 세워 둔 회초리를 갖다 드렸단다.

"종아리 대!"

그 말에 저절로 눈이 감겼어. 회초리가 휙 소리를 내는 순간 종아리에 불이 났지.

"으으으……."

그리고 또 한 대.

"윽!"

"입 다물어! 참을성이 많길 하나 몸이 건강하길 하나. 그래 가지고 도대체 뭐가 되려고 그래!"

"훌륭한 사람이 되지, 뭐가 되겠냐!"

할머니였어.

"엿을 사 온 네가 잘못이지, 엿을 먹고 찬물을 마신 아이가 잘못이냐? 그만하면 됐으니 나가 보거라."

"……."

엄마는 아무 대꾸도 못 하고 나갔단다.

할머니는 배를 문질러 주며 말씀하셨어.

"쯧쯧쯧……. 우리 금강석이 많이 아프냐? 한의사 부를까?"

"아니에요. 이제 덜 아파요."

난 다 죽어 가는 소리를 했지.

"무서워서 그러느냐?"

난 고개를 절레절레 흔들었어. 종아리가 더 아파서 그런지 배 아픈 게 싹 가셨거든.

"에그, 이 배꼽 좀 봐라……."

할머니는 뜸 자국투성이인 내 배를 살살 문지르면서 기도했단다.

"하느님, 우리 금강석이 튼튼해지게 도와주시고, 어른이 되면 큰일에 써 주십시오."

"몸도 약하고 키도 작은데 큰일을 할 수 있어요?"

아무리 그렇게 기도해도 쓸모없을 것 같아서 물었지. 그러자 할머니가 내 손을 꼭 잡으면서 이렇게 얘기하였어.

"금강석아, 사람은 말이다, 다 자기가 믿는 대로 된단다. 믿음이 깊으면 하느님께 가 닿거든."

왠지 참 멋진 말 같았단다. 게다가 날마다 하느님하고 이야기하는 할머니가 거짓말을 할 리도 없었고 말이야.

 이놈들아, 담배 피우고 있으면 해방이 되냐

그 전까지 서당을 다니다가 일곱 살 때부터는 의성 소학교에 다녔단다.

의성 소학교는 성경을 가르치고 우리 말로 공부를 가르쳤어. 일본 말은 가르치지 않았지. 가르치는 척만 한 거야. 누군가가 지키고 있다가 "장학사다!" 하고 소리치면 얼른 책상에 일본 말 책을 올려놓으면 끝이었지.

아버지는 우리 힘으로 독립을 이루어야 한다고 굳게 믿

었기 때문에 일본을 멀리하고 우리 민족을 생각하게 가르쳤어. 아버지는 다윗과 요셉 이야기를 자주 해 주었는데, 아무리 들어도 재미있었단다. 알고 있겠지만, 다윗은 거인 골리앗을 물리친 양치기 소년이고, 요셉은 믿음이 아주 강한 사람이지.

아버지는 늘 '칼로 일어선 자는 칼로 망하게 되어 있다'고 얘기하였어. 그러고 나서 꼭 이렇게 물었단다.

"일본이 망할 때까지 마냥 기다리는 게 현명하겠느냐, 실력을 쌓으며 기다리는 게 현명하겠느냐?"

내가 "실력을 쌓으며 기다리는 거요!" 하고 자신 있게 대답하면 아버지는 큰 손으로 내 머리를 쓰다듬어 주었어. 그러고는 또 물었지.

"요셉은 어떤 사람이지?"

난 칭찬받기를 기다리면서 대답했단다.

"형들에게 미움을 받아 노예로 팔려 갔다가 나중에 높은 사람이 되어 나라를 다스린 사람이에요."

"그래, 맞았다. 기려야, 사람들마다 갖고 있는 재능이 다

르단다. 요셉과 다윗처럼 말이다. 중요한 건 재능을 갈고 닦아 바른 데 써야 한다는 거야."

그러면서 어떤 일을 하고 싶으냐고 물었어. 난 솔직하게 대답했지.

"잘 모르겠어요. 얼마 전까진 다윗처럼 되고 싶었는데 이제는 요셉처럼 훌륭한 사람이 돼서 나라를 잘 다스리고 싶어요."

아마도 나라를 빼앗겨서 그랬던 것 같아. 게다가 그 해는 3·1 만세 운동이 일어난 해였거든. 소학교 학생들과 보통 학교 학생들 가운데엔 졸업식을 거부한 학생들도 참 많았어. 어느 학교 졸업생들은 "우리 나라를 돌려 달라!" 하고 외치며 졸업장을 찢어 버리기도 했단다.

어린아이들은 3·1 만세 운동이 지나고 나서도 만세 운동을 더 했어. 우리도 날마다 산꼭대기에 올라가 목이 터져라 만세를 불렀지.

"대한 독립 만세! 대한 독립 만세!"

그러고 나서는 바위에 풀썩 주저앉아 어떡하면 독립을

할 수 있을지 이야기했어.

"열심히 공부해서 나라에 꼭 필요한 사람이 되어야 해!"

"나는 최고의 상인이 될래! 돈을 많이 벌어 독립군에게 독립 자금을 대 줄 거야!"

"난 최고의 농사꾼이 될 거야. 그래서 독립군에게 쌀을 대 줄 테야! 먹어야 싸움도 잘할 테니까! 안 그래?"

나는 이렇게 이야기했단다.

"난 최고의 기술자가 될 거야! 독립군에게 세상에서 가장 힘센 총칼을 만들어 주고 싶어. 우리 같은 애들까지 열심히 만세 운동을 했는데도 일본군 총칼 앞에선 어쩔 수가 없었잖아!"

다윗이나 요셉처럼 되고 싶었지만, 총칼도 필요하다고 느꼈던 거야. 아이들 생각도 똑같았는지 내 말에 맞장구를 쳐 주었단다.

"기려 말이 맞아! 우리가 총칼만 많이 갖고 있었다면 벌써 독립했을 거야!"

그 해 여름이 될 때까지 날마다 산에 올라 만세를 불렀단다. 하지만 독립은 되지 않았어.

　우린 가끔 가다 못된 짓도 했어.
　어느 날, 아이들이 학교 뒷길로 가더니 쪼그리고 앉는 거야. 뭘 하나 하고 따라가 보니 담배를 피우지 뭐야. 덩치가 큰 아이 하나가 연기를 푹 뿜더니 이러는 거야.
　"어이, 꼬마, 너도 피우고 싶냐?"
　"응!"

그러자 아이들이 킬킬거렸어. 사실 덩치 큰 아이들은 툭 하면 나를 따돌렸단다. 무엇보다 어른 흉내를 내는 일에는 잘 끼워 주지 않았어. 하긴 걔들이 나보다 서너 살 많은 건 보통이었으니까 그럴 만도 했을 거야.

"너 정말 피울 수 있겠냐?"

"내가 못 할 것 같아?"

"맵다고 울기 없기다."

"걱정하지 마셔."

건네주는 담배를 받아 한 모금 빨았어.

"캑! 우웩!"

정신이 하나도 없더라고.

"하하하하, 우리 꼬마 죽는다. 누가 좀 살려 줘라."

"하하하하, 공부를 잘해서 담배도 잘 피울 줄 알았는데 그게 아닌가 보네."

아이들이 배꼽을 잡고 쓰러졌어. 난 자존심이 상해 소리를 꽥 질렀지.

"웃지 마! 이번엔 제대로 할 수 있어!"

그때였어.

"이놈아, 제대로 하긴 뭘 제대로 하냐?"

갑자기 머리에 꿀밤이 날아드는 거야. 돌아보니 학교 선생님으로 있는 사촌 형님이었어.

"대가리에 피도 안 마른 것들이 담배는 무슨! 이놈들아, 담배 피우고 있으면 해방이 되냐? 공부를 해야 해방이 되지!"

그날 사촌 형님한테 혼쭐이 난 다음부터 나는 절대로 담배를 피우지 않았어. 하지만 아무리 공부를 해도 해방은 되지 않았지. 가을이 오고 겨울이 와도 독립은 되지 않았거든.

아무리 기다려도 좋은 일이 생길 것 같지 않았어. 그러는 사이 할머니도 돌아가셨지. 할머니가 돌아가셨다는 게 정말이지 믿어지지 않더구나.

'내가 의성 소학교를 일 등으로 졸업하는 걸 보셨으면 참 좋아하셨을 텐데……'

자꾸 그 생각만 들면서 가슴이 뻥 뚫린 것만 같았어. 하지만 할머니가 그렇게 좋아하신 하느님이니까 할머니를 잘 보살펴 주실 거라고 믿고 참았단다.

그런데 안 좋은 일이 또 있었어. 신의주 고등 보통학교 입학 시험에 뚝 떨어진 거야. 의성 소학교에서는 일본어와 이과 과목을 안 배웠으니까, 떨어지는 게 당연한데도 자존심이 무척 상하더구나. 그때까지 쭉 일 등만 한 데다 지고는 못 사는 성격이어서 그랬던 것 같아.

내가 미친놈이지

 졸업을 하자 친구들도 하나 둘 멀어져 갔어. 장가를 가기 시작한 거야. 그때는 보통 열 몇 살이면 결혼했으니까 하나도 이상할 건 없었지만 말이야.
 친구들이 열두 살에 꼬마 신랑이 되고 농부가 될 때, 나는 개성에 있는 송도 고등 보통학교에 들어가기로 했어. 아이들은 나를 무척 부러워했지. 우리 동네에서 상급 학교로 진학한 사람은 나 하나뿐이었거든.

개성으로 가려면 기차를 타야 했어. 태어나서 처음으로 타 보는 기차였지. 겨우 기차 한 번 타는 걸 가지고 얼마나 가슴이 뛰었는지 몰라. 하지만 그렇게 기대했던 기차 여행은 멀미 때문에 엉망이 되고 말았어. 어찌나 멀미를 심하게 했는지 개성에 다 와서 보니 얼굴이 반쪽이 되어 있더라고.

아주 짧은 시간이었지만, 열심히 공부해서 시험에 턱 붙었어. 사촌 형님의 도움을 받으면서 죽어라 공부했거든. 이제부터 열심히 공부해서 전교 일 등만 해야겠다고 마음먹었단다.

그런데 작심삼일이라고, 시간이 좀 지나자 마음이 슬슬 바뀌더라고. 그까짓 공부는 해서 뭘 하나 싶어지는 거야. 태어나서 처음으로 부모님 곁을 떠나 있으니 외롭기도 하고, 간섭을 안 받으니 내 세상 같기도 하고……. 아무튼 그랬어.

학교 끝나기가 무섭게 친구들과 어울려 돌아다녔어. 거리를 쏘다니고, 친구들 자취방에 모여 놀았지. 여학생 꽁

무늬를 쫓아다니기도 했어. 여학생을 잘 사귀지도 못하면서 말이야. 내가 휘파람을 획 불면 십중팔구 새침하게 지나갔거든.

'내가 키가 크고 잘생겼으면 여학생들이 좋아했을 텐데……'

그때마다 기가 죽더라고. 어쩌다 마음에 드는 여학생이 있어도 당당히 나서지도 못하면서 말이야.

"내가 한번 해 볼 테니 잘 봐."

친구들이 차례로 나서 봤지만 걔네들 신세도 내 신세와 다를 게 없었지.

"제길, 오늘은 콧대 높은 여학생들만 나왔나?"

마지막 친구마저 실패하고 나면 누군가 땅에 침을 퉤 뱉고 나서 말하는 거야.

"우리 헛수고 그만 하고 화투나 치러 가는 게 어때?"

"화투? 좋지!"

"좋고말고!"

"오늘은 누구네로 갈까?"

죽이 착착 맞았지, 뭐. 그러고는 친구 자취방으로 우르르 몰려갔어.

"오늘도 기려가 다 따겠지?"

"기려를 누가 이기겠어?"

"그 동안 기려한테 털린 돈을 합해 보면 엄청날걸."

"기려가 수학을 잘해서 그런가?"

왜 그런지 몰라도 내가 화투를 가장 잘했거든. 그것도 칭찬이라고 난 잘난 척하며 낄낄거렸단다.

"너무들 겁먹지 마. 오늘은 살살 할게."

하지만 늘 운이 좋을 순 없는 법. 그날은 웬일인지 자꾸 잃기만 하지 뭐야.

"웬일이야? 기려가 오늘은 맥을 못 추네."

"그러게 말이야. 살다 보니 별일이 다 있네."

친구들은 내가 잃는 게 싫지 않았을 거야.

"어이, 기려. 이제 그만 하는 게 어때?"

"무슨 소리! 모든 건 한순간이니까 두고 보라고."

보다 못한 친구가 말렸지만 나는 듣지 않았단다. 그런데 말이야, 사람 마음이 참 이상한 게, 잃을수록 자꾸만 더 하고 싶어지는 거 있지. 그래서 어떻게 되었냐고? 다 잃었지, 뭐. 탈탈 털리고 나서 친구 집을 나오는데 날은 춥고 달은 휘영청 밝은 게, 갑자기 설움이 복받치면서 눈물이 주르륵 흐르지 뭐야.

'내가 미친놈이지, 그 돈이 어떤 돈인데……'

사실 그때는 집안 형편이 몹시 나빠져서 학비도 겨우 보내 줄 정도였거든. 돈을 꾸어서 보내 줄 때도 많았어. 그런데도 정신을 못 차리고 화투나 치고 돌아다녔던 거야. 거의 삼 년을 그렇게 살다니, 내가 제정신이 아니었던 거지. 아버지 얼굴이 떠오르는데 어디 쥐구멍이라도 있으면 기어들어가고 싶더라고.

"아버지, 죄송해요……"

한겨울 그 추운 새벽에 길에 쪼그리고 앉아 꺼이꺼이 울었단다. 그렇게 한참을 울고 있는데 어디선가 낯익은 목소리가 들리지 뭐야.

"이 할미는 금강석이가 하느님의 큰 일꾼이 될 거라고

믿는다."

할머니 목소리였어.

"할머니……."

하늘을 쳐다보니 둥근 달이 환히 빛나는데, 꼭 할머니 얼굴 같지 뭐야.

후회가 밀려오면서 가슴이 찢어지더라. 할머니가 나 잘되라고 날마다 기도하였는데…….

당장 교회로 달려가 하느님 앞에 무릎을 꿇었단다.

"하느님, 저는 불효자식입니다. 부모님이 고생하는 것을 알면서도 시간과 돈을 낭비했습니다. 할머니의 기도도 저버렸습니다. 저는 하느님 앞에 설 자격도 없는 놈입니다."

눈물이 줄줄 흘렀어.

그때였어. 어디선가 낮고 부드러운 목소리가 들리는 게 아니겠어.

"울지 말거라……. 인간은 원래 죄인이다……."

벌떡 일어나 둘레를 둘러보았어. 그런데 아무도 없는 거야! 나는 얼른 무릎을 꿇었어. 그러자 또다시 목소리가 들리는 거야.

"일어나라……. 예수가 너희를 대신해 십자가를 지지 않았느냐……. 이제부터 무엇을 할 것인가 생각하고 열심히 공부해라……."

가슴속에서 용암이 솟는 것 같았단다.

"하느님, 고맙습니다. 이제부터는 절대로 한눈팔지 않고 하느님 뜻대로 살겠습니다."

눈물 콧물 범벅이 되어 오래도록 앉아 있었어.

나중에 교회를 나설 때는 예전의 내가 아니었단다.

그때부터 죽어라 공부만 했어. 그런데 너무 오래 놀아서 성적이 끄덕도 안 하지 뭐야. 오기가 생기더라고. 네가 이기나 내가 이기나 보자고 덤볐지. 그랬더니 조금씩, 조금씩 성적이 오르더라.

사 학년을 마치고 여순 공과대학 입학 시험을 쳤어. 그즈음 나는 공업을 일으키는 길이 우리 나라가 살 길이라고 생각하고 있었거든.

곳곳에서 내로라하는 수재들이 다 몰려들었지. 결과는

불합격.

　슬퍼하는 것도 양심 없는 짓인 것 같아서 슬퍼하지 않기로 했어. 삼 년을 팔팔 논 게 누군데.

등잔 밑이 어둡다더니

다음 해에 다시 도전하려고 했지만 그럴 수가 없었어. 집안 형편이 나빠질 대로 나빠진 거야. 아버지를 생각해서라도 학비가 싼 대학에 가야 했어.

알아보니 경성 의전이 학비가 가장 싸더라고. 더 볼 것도 없이 경성 의전에 가기로 마음을 굳혔지.

'흠, 의사 가운을 입은 장기려라…….'

그 순간, 갑자기 번쩍하고 깨달음이 오는 거야.

'의사야말로 하느님의 뜻을 실천할 수 있는 직업이다! 인간의 목숨을 살리는 의사가 되는 것보다 더 좋은 일은 없다!'

당장 하느님 앞에 무릎을 꿇었어.

"하느님, 의사가 되겠습니다. 제발 경성 의전에 합격하도록 도와주십시오! 합격만 시켜 주시면 너무 가난해서 의사라고는 구경 한 번 못 하고 죽어 가는 사람들을 위해 평생을 바치겠습니다!"

아닌 게 아니라 하느님의 도움이 꼭 필요했어. 성적이 나쁜 편은 아니었지만 그렇다고 마음을 푹 놓을 정도도 아니었거든. 그때부터 더 열심히 공부하고, 더 열심히 기도했단다.

그러던 어느 날이었어. 친한 친구가 헐레벌떡 달려오는 거야.

"헉헉, 기려야, 큰일 났어! 어제 결혼식 끝나고 남은 아이들 말이야, 다 정학당했대!"

전날, 친구 하나가 결혼을 했거든.

"아니, 왜?"

나는 깜짝 놀랐어. 모두 친한 친구들인 데다 공부도 잘했거든.

"술에 취해 거리에서 소란을 피웠다는 거야. 학교 명예를 더럽혔으니 퇴학당하지 않은 것만도 다행인 줄 알라고 교장 선생님이 그러셨대."

"얼마 동안 정학인데?"

"일 년!"

"일 년씩이나?"

"그래!"

우리는 잠시 아무 말도 하지 않았어. 친구들 얼굴이 차례로 떠오르는데, 정말이지 마음이 너무 아프더라고.

"아무튼 결혼식만 보고 오길 잘했지 뭐야. 끝까지 남아서 술 마시고 놀았더라면 우리도 졸업 못 했을 거야. 휴, 다 하느님이 도우신 거야."

친구가 안도의 한숨을 쉬었어. 사실 친구 말이 맞았어. 술 마시고 노는 것은 하느님을 믿는 사람답지 못하다면서 우리만 일찍 왔으니까.

　아무튼 전교 칠 등에서 십일 등을 하던 내가 갑자기 전교 일 등이 되었어. 나보다 성적이 높은 친구들이 몽땅 징계

를 받았으니 그럴 수밖에. 전교 일 등으로 졸업을 하려니 친구들에게 참 미안하더라. 어느 날 한 친구에게 마음을 털어놓았더니 그 친구가 웃더라고.

"뭐가 미안해! 다 우리 잘못인걸. 네가 술 마시고 소란 피우라고 부추기기라도 했냐? 쓸데없는 생각 말고 입학시험이나 잘 쳐. 알았지?"

"알았어. 꼭 붙을 테니 기대해."

그 말을 들으니 마음이 가벼워지더라.

입학시험 날, 수학 시험을 치르고 나서 친구들이 복도로 나왔어. 한 친구가 걱정이 가득한 얼굴로 묻는 거야.

"너, 그 문제 풀었니?"

"어떤 문제?"

"그 응용문제 말이야."

"아, 그 문제? 풀었어."

"풀었구나. 난 못 풀었는데……."

친구는 울상이 되었어.

"나도 못 풀었어."

친구들 모두 땅이 꺼져라 한숨을 쉬더라고. 네 문제에서 가장 어려운 문제를 나만 푼 거야. 친구들에게는 미안했지만, 좋은 징조였지. 나는 마지막까지 최선을 다하게 해 달라고 기도했어.

하느님은 내 기도를 들어주셨지. 경성 의전에 덜컥 합격한 거야.

'고맙습니다, 하느님! 고맙습니다!'

나도 모르게 감사 기도가 터져 나왔단다.

경성 의전에 입학하고 보니 한국 학생이 전체 학생의 오분의 일도 안 되지 뭐야. 또 죽어라 공부만 했지.

왜 그랬는지 짐작하겠지?

맞아, 일본 아이들에게 지고 싶지 않았던 거야.

공부를 하지 않을 때는 기독교 청년회YMCA에 나갈 때뿐이었어. YMCA는 우리 나라 기독교 청년 모임이야. 그곳에서 청년들을 만나 민족의 앞날을 생각하고, 조만식 박사 같은 민족 지도자들에게서 훌륭한 강의를 들었단다.

사촌 형님 댁에 얹혀사는 게 미안해 틈틈이 장작도 패고, 집안일도 도왔지. 그럴 때마다 사촌 형님이 나무랐단다.

"괜히 아까운 시간 버리지 말고 공부나 열심히 해. 의학 공부가 얼마나 힘들고 어려운데……."

나도 고집을 피웠지.

"형님 형편도 어려운데 저도 밥값은 해야지요."

그러면 사촌 형님은 어서 장가나 가라고 성화였어.

"그러다 총각 귀신 될라. 노총각 소릴 듣는 게 싫지도 않느냐?"

벌써 스물두 살이니 노총각이었던 거야. 나하고 동갑인데도 자식을 두셋이나 둔 친구도 많았거든.

그러던 어느 날이었어.

"등잔 밑이 어둡다더니 네 색시감이 이렇게 가까이 있는 줄 몰랐지 뭐야."

친한 친구 놈이 찾아와 호들갑을 떠는 거야.

"누군 줄 알아? 바로 김하식 선배님 딸 봉숙 씨야!"

김하식 선배는 내과 의사이기도 했어.

"이야기를 들어 보니 그만한 색시감도 없더라고. 아무튼 꼭 만나 봐. 내 친구가 총각 귀신이 되게 둘 순 없으니까."

눈 딱 감고 만나 보기로 했지.

나가 보니 아주 예쁘지도 밉지도 않은 여성이 앉아 있었어. 솔직히 말하면 좀 실망했단다. 나도 모르게 더 예쁜 여성을 기대했나 봐.

'나라고 뭐 볼 게 있나? 키 작지, 인물 없지, 가난하지, 내세울 게 성적밖에 더 있어? 아니야, 그래도 몸이 너무 약해 보여. 그 몸으로 시집살이나 배겨 낼 수 있을까? 자식은 어떻게 낳고?'

생각할수록 머리가 복잡하더라고.

그러자 친구가 나섰어.

"그쪽에서는 널 좋아하는 눈치야. 쇠뿔도 단김에 빼라고 했잖아. 자, 여기 편지지하고 편지 봉투. 어서 청혼해."

친구가 가고 나서 편지를 쓰는데 기분이 이상하더라.

며칠 뒤, 청혼을 기쁘게 받아들인다는 답장이 왔어. 난 경성 의전을 졸업하자마자 결혼했어. 진짜 어른이 된 거야.

하느님과 한 약속이 먼저입니다

내 평생 잊을 수 없는 분이 한 분 있어. 바로 내 스승인 백인제 교수야.

졸업을 하고 외과를 전공하기로 하자, 장인어른은 몹시 만족해하셨어.

"잘했네. 백인제 교수는 우리 나라에서 가장 실력 있는 외과 의사니까 그분께 배울 수 있는 것은 모두 배우게."

백인제 교수의 실력은 만주와 일본에서도 알아줄 정도였

어. 3·1 만세 운동으로 한 해 가까이 옥살이를 하면서 모진 고문을 받기도 하셨지. 어떻게 하면 일본에 잘 보여 출세할 수 있을까 하고 모두들 눈이 벌걸 때라 많은 사람들이 백 교수를 존경했단다.

백 교수의 조교가 된 나는 백 교수에게서 외과 지식이나 수술 실력 말고도 참 많은 것을 배웠어.

그러던 어느 날 있었던 일이야.

운동장에서 축구를 하고 돌아온 동료 한 사람이 새하얀 거즈에 코를 푼 거야. 그랬더니 일본인 주임 간호사가,

"그걸로 코를 풀면 어떡해요!"

하고 꽥 소리를 지르지 뭐야.

갑자기 기분이 팍 상하더라고.

'지금 식민지 백성이라고 깔보는 거야?'

싫었던 거지.

진짜 큰일은 며칠 뒤에 일어났어. 환자를 진료하려고 내가 깔아 둔 침대보를 한 일본인 간호사가 확 걷어 버리지 뭐야.

갑자기 머리가 핑 돌면서 피가 거꾸로 솟더라.

"지금 날 무시하는 거야?"

간호사는 한쪽 얼굴을 감싸더니 울음을 터뜨렸어. 사람들은 깜짝 놀라서 아무 말도 하지 못했지.

순간 정신이 확 들더라고. 내가 간호사의 따귀를 후려쳤던 거야.

'고작 힘없는 간호사에게 나라 잃은 분풀이를 하다니, 이 얼마나 바보 같은 짓이란 말인가……'

정말이지 부끄러웠단다. 간호사는 꿰매던 침대보를 더 꿰매려고 한 것뿐이었거든. 나중에 알고 보니 그 간호사는 장티푸스에 걸려 정신도 온전하지 않은 상태였다지 뭐야.

당장 사직서를 썼단다.

"자네, 갑자기 왜 이러는가?"

사직서를 내밀자 백 교수는 눈이 휘둥그레졌어. 나는 사실대로 털어놓았지.

"잘못을 깨달았으면 됐네. 이제 그만 가서 일하게."

그러고는 사직서를 찢어 버렸어.

나는 곧장 간호사가 누워 있는 병실을 찾아갔단다.

"선생님……."

간호사가 나를 보더니 일어나려고 했어.

"아니오, 일어나지 마시오. 그래, 몸은 좀 어떻소?"

간호사는 대답 대신 희미하게 웃었어. 난 진심으로 용서를 빌었단다.

"용서해 주시오. 당신에게 못할 짓을 했소."

그러자 오히려 간호사가 미안해하며,

"선생님……."

하고는 눈물을 글썽이지 뭐야.

일주일 뒤 젊은 간호사는 하늘나라로 가고 말았어.

그 일로 난 좋은 의사가 되기 전에 좋은 인간이 되겠다고 다짐했단다.

백 교수 밑에서 여러 가지를 배우고 느끼는 사이 어느새 혼자서도 환자를 수술할 정도가 되었단다.

경성 의전 외과 강사가 된 뒤에는 맹장염에 대해 연구한 박사 학위 논문도 마쳤어. 그때는 맹장염에 걸리면 살아나

기가 힘들 때였거든. 백 교수는 내 논문을 당장 일본 나고야 제국대학에 보냈어. 논문이 통과되는 건 시간 문제였지. 내 나이 서른 살 때였어.

이제는 학교를 떠날 때라는 생각이 들더구나. 학교를 떠나겠다고 하자 백 교수는 펄쩍 뛰었어.

"학교에 남아 학생들을 가르쳐야지, 어디를 가겠다는 건가!"

"평양으로 가서 가난한 농촌 사람들을 진료하겠습니다."

"내가 자넬 얼마나 아끼는 줄 모르는가? 대전 도립 병원 외과 과장 자리를 마련해 놓았으니 그대로 있게."

"죄송합니다. 하느님과 한 약속이 먼저입니다."

나는 그쯤에서 경성 의전에 입학하기 전 하느님과 한 약속을 교수께 털어놓았어.

"알겠네. 언제든 돌아오고 싶으면 돌아오게. 기다리고 있겠네."

백 교수는 하는 수 없이 내가 평양에 있는 연합 기독 병원 외과 과장으로 가는 걸 허락하였단다.

평양으로 간 지 얼마 되지 않았을 때였어. 어느 날, 신문을 보다가 깜짝 놀랐지 뭐야.

'신문에 내 이야기가 실리다니, 누가 쓴 걸까?'
하며 자세히 보는 순간, 코끝이 시큰하지 뭐야.

백 교수가 나를 칭찬하는 글이었어.

'당신의 청을 뿌리치고 떠난 제자를 이리도 칭찬하시다니……'

스승의 사랑이 이렇게도 깊구나 싶은 게 가슴이 찡하더구나. 그 일이 있고 나서 며칠 뒤, 나고야 제국대학에서 의학 박사 학위와 함께 편지가 왔을 때도 백 교수는 자기 일처럼 기뻐하였단다.

박사 학위 취득을 축하드립니다.
귀하의 논문은 의학 발전에 큰 도움이 될 만한 대단한 연구입니다.

"자네, 정말 장하네그려! 참, 이러고 있을 게 아니라 얼른 독일에 있는 친구에게 보내 약을 개발하라고 해야겠어!"

전화 목소리만 들어도 교수님이 얼마나 기뻐하는지 충분히 알 수 있었단다.

얼마 뒤, 교수님이 서둘러 준 덕분인지 새로운 맹장염 치료약이 나왔단다.

 제까짓 게 박사면 다야

하지만 언제나 좋은 일만 일어나지는 않았어. 동료들은 내가 외과 과장으로 온다는 것을 알았을 때부터 화가 나 있었지 뭐야.

"제깟 게 뭐라고 우리보다 월급이 많은 거야?"

"그까짓 박사 학위만 있으면 다야?"

"다른 학교 출신이 외과 과장으로 온다는 게 말이 돼?"

"자기 실력이 그렇게 좋아?"

세브란스 의전을 나온 사람들로만 채워진 병원에 경성 의전 출신이 과장으로 오니까 기분이 나빴던 거야. 그런데도 드러내 놓고 반대하지 못한 건 나를 추천한 사람이 자신들의 선배였기 때문이야.

몇 달 뒤 내가 원장이 되었을 때는 질투와 텃세가 하늘을 찔렀어.

"얼씨구, 이제는 원장까지 해?"

"뒤가 아주 든든한가 보네!"

"정말 못 봐 주겠군!"

동료들은 내가 무슨 실수나 하지 않나 하고 기다렸단다.

그러던 어느 날이었어. 병원 복도를 지나가는데, 만나기만 하면 싸우는 두 사람이 또 싸우고 있는 거야. 보다 못해 한마디했지.

"당신네 학교 출신들은 어째 만나기만 하면 싸웁니까?"

그 순간, 두 사람의 눈빛이 싹 달라지지 뭐야.

두 달쯤 지나서 이사회 대표가 나를 부르더니 이렇게 말하는 거야.

"장 박사, 병원장 자리에서 물러나셔야겠습니다."

아무 설명도 없이 물러나라니, 참을 수가 없더라.

"병원장 자리를 맡아 달라고 한 게 누굽니까? 그런데 이제 와서 그만두라니, 그 까닭이나 알아야겠습니다."

이사회 대표가 마지못해 한다는 듯 이야기하더라고.

"장 박사, 신사 참배를 찬성한다면서요. 게다가 우리 학교 출신들을 다 쫓아내고 경성 의전 출신으로 채우려고 하고요!"

기가 막히더구나.

어찌 된 일인지 당장 알아보았더니 만나면 싸우던 그 두 사람 짓이었어. 두 사람이 말을 지어내자, 동료들이 이때다 하고 헛소문을 퍼뜨린 거야. 화가 치미는 대신 슬픔이 밀려오더구나.

'많이 배운다고 해서 다 사람이 되는 것은 아니구나. 못 배운 사람도 이렇게 한심한 짓은 하지 않을 것이다. 그런데 이런 사람들 틈에서 내가 뭘 하고 있는 건가……'

당장 병원을 그만두고 싶었단다. 하지만 스승의 간절한

바람을 뿌리치면서까지 선택한 길인데 쉽게 그만둘 수도 없었어.

'원수를 사랑하라는 하느님의 말씀도 있지 않은가. 이게 다 환자와 함께하라는 하느님의 뜻이야……'

난 쉽게 생각하기로 했어. 사실 외과 과장 자리가 훨씬 더 마음 편했고, 원장 자리를 원해서 맡은 것도 아니었으니까. 원장에서 과장으로 내려온 다음에도 아무 일 없었다는 듯 일했지, 뭐. 그러자 뒤에서 별별 소리가 다 들려오더구나.

"참 오래도 버틴다."

"뭘 믿고 저러는 거지?"

"저 사람 혹시 바보 아니야?"

"나 같으면 치사해서라도 벌써 나갔겠다."

그러면서 월급을 처음 왔을 때보다 적게 주는데, 할 말이 없더구나. 자존심을 상하게 만들어 내 발로 나가게 하고 싶었나 봐.

하지만 내가 정말 상처받은 건 툭하면 우리 집에 일본 순사를 보내 괴롭힐 때였어. 같은 민족으로서 도저히 해서는 안 될 짓이었지.

그러던 어느 날, 새 원장이 나를 찾아왔어.

"그 동안 고생 많이 하셨다는 거 다 압니다. 저도 요즘 겪고 있으니까요. 하하하."

그 두 사람이 새로 온 원장에게도 못되게 군 거야. 하지만 이번 원장은 그리 호락호락한 사람이 아니었단다.

"장 박사, 그런 사람들 때문에 마음 상하지 마세요. 어딜 가나 남 잘되는 꼴을 못 보는 사람들이 꼭 있게 마련이니까요. 힘든 일이 있으면 언제든 제게 말씀만 하세요."

"고맙습니다. 말씀만 들어도 든든합니다."

친구가 생긴 것 같아 마음이 든든하더라고.

"장 박사, 돈이 없는 환자 대신 치료비를 내 주고, 혈액도 사 주신다면서요? 그래 가지고 밥은 먹고 삽니까?"

"아무렴 밥이야 못 먹겠습니까."

말은 그렇게 했지만 살기가 어려웠던 건 사실이야. 아내에게 월급을 제대로 가져다준 적이 한 번도 없었거든. 돈 없는 환자들에게 이것저것 쓰다 보면 월급이 금세 다 없어지는데 난들 어떡해.

몇 달 뒤 원장은 나에게만 보너스를 많이 주었어. 일을 많이 하는 사람이 보너스도 가장 많이 받아야 한다면서.

그러던 어느 날, 원장이 또 왔지 뭐야.

"장 박사, 나한테 사 놓기만 하고 비워 둔 집이 한 채 있는데 말이오. 원래 집이라고 하는 것이 사람이 살지 않으면 일찍 낡아 버린다는 거요. 그래서 말인데……."

끝까지 들어 보니 그 집에서 공짜로 살라는 거였어. 많은 식구가 방 두 칸짜리 사택에 사는 게 마음이 편치 않았던 거야.

정중히 거절했지.

"말씀은 고맙습니다만, 지금 사는 집도 불편하지 않습니다."

"장 박사도 참. 그런 게 아니라, 내 말은……."

원장도 고집이 대단하더라고.

결국 고마운 마음으로 원장의 제의를 받아들였지, 뭐. 그리고 더는 모함이나 소문 따위에 신경 쓰지 않고 환자를 돌보고 연구만 했어.

일 년이 지나니까 병원 분위기도 슬슬 바뀌기 시작했지. 나하고 얼마 지내다 보니 동료들 마음이 바뀐 거야. 음모를 꾸민 두 사람은 결국 보따리를 싸서 시골로 내려갔어. 자신들이 저지른 부끄러운 짓이 들통 나자 창피했나 봐.

 ## 박사님이 믿는 하느님이라면 저도 믿겠습니다

내가 가장 행복한 때가 언제인 줄 아니? 병원도 의사도 없는 곳을 찾아가서 환자들을 무료로 진료할 때야. 그때야말로 내가 제대로 일하고 있다는 생각이 들거든.

그래서 병원이 쉬는 날마다 다른 의사들과 함께 외딴 곳을 찾아다녔단다. 우리가 왔다는 소문이 퍼지면 온 동네 사람이 다 왔어. 갓난아기부터 꼬부랑 할머니까지 말이야.

어르신들은 무엇이 미안한지 자꾸만,

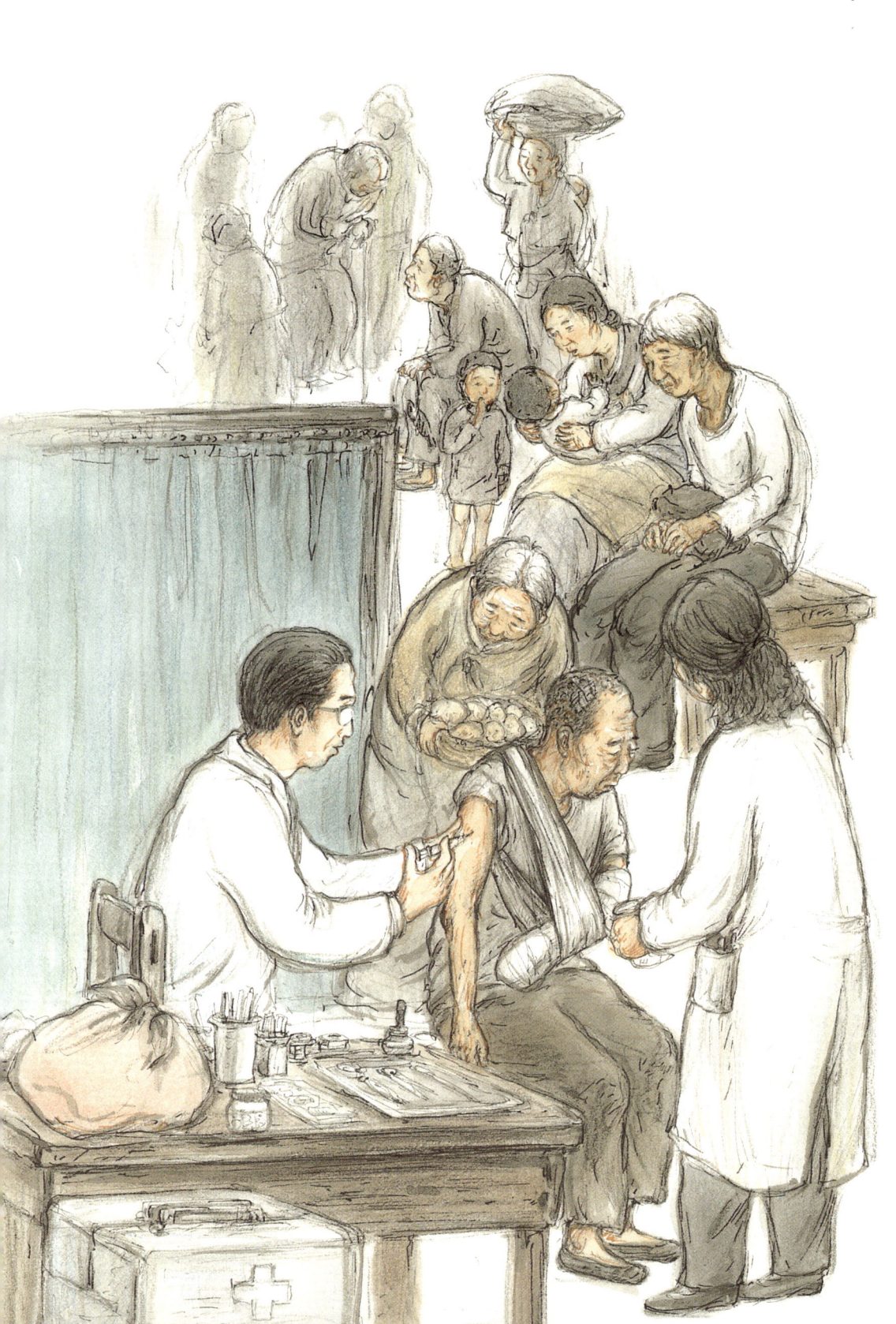

"아이고, 의사 선생님. 아이고, 의사 선생님……."
하며 허리를 굽히셨단다. 평생을 일만 하시느라 아프지 않은 데가 없는 어르신들이 말이야.

그리고 빈손으로 오는 사람은 한 사람도 없었어. 무슨 잘못이라도 한 것처럼 미안해하면서 찐 고구마나 감자, 삶은 옥수수나 달걀 따위를 내미는 거야. 거칠고 굵게 마디진 손이 그렇게 아름답게 느껴질 수가 없었단다.

"고맙습니다. 잘 먹겠습니다."

우리는 맛있게 먹고 하루 내내 환자를 진료했단다. 그런 날은 아무리 많은 환자를 진료해도 피곤하지 않았어.

병원 일 하랴 무료 진료 다니랴 몹시 바빴지만 의학 연구도 게을리 하지 않았단다. 의사로서 한 가지도 소홀히 할 수 없었거든.

그 가운데 우리 몸에 염증을 일으키는 세균을 연구한 논문은 일본과 우리 나라 의학계에서 높은 평가를 받았어. 의학 교과서에도 나와 있지 않은 훌륭한 연구라는 거야.

1943년에는 큰 도전을 했단다. 바로 간암 수술에 도전한 거야. 그때까지 간암 환자가 수술로 살아난 적이 한 번도 없었거든. 사람들은 정말로 내가 간암 환자를 살려 낼 수 있을까 하고 마음을 졸였단다.

"장 박사가 부디 성공해서 간암 환자에게도 살 길이 열려야 할 텐데……."

"장기려 박사라면 해 낼지도 몰라. 두고 보자고!"

성공을 빌어 주는 사람들도 많았지만 비난하는 사람도 적지 않았어.

"여태 아무도 못 한 걸 자기가 하겠다고? 참 어이가 없군!"

"자기가 신이라도 되는 줄 아나?"

"간에 칼을 대다니 미친 거 아니야?"

모두 틀린 말은 아니었어. 하지만 난 실패할까 봐 두려워 죽어 가는 환자를 보고만 있을 순 없었단다.

늘 그랬듯이 수술하기 전에 하느님께 기도를 올렸어. 간호사와 조수들도 눈을 감고 마음을 가다듬었지. 핏덩어리로만 이루어져 있는 간에서 암세포를 떼어 내는 일이라 티

끌만 한 실수라도 했다간 끝장이었거든.

　곧 피를 말리는 시간이 시작되었지. 나는 온 신경을 집중했어. 한 사람의 목숨, 아니 수많은 사람의 목숨이 달려 있었어.

　수술은 거의 네 시간이 지나서야 끝이 났어. 땀으로 목욕을 한 것 같았지.

　"수고들 했네. 최선을 다했으니 기다려 보세."

　내가 인사를 건네자 그제야 긴장이 풀렸는지 서로 기쁨의 눈빛을 주고받더구나. 하지만 난 한 순간도 마음을 놓을 수가 없었어. 수술은 잘 끝났지만 어떤 부작용이 생길지 모를 일이었거든.

　하루가 지나고 이틀이 지나자 환자의 상태가 점점 좋아지는 것 같았어. 그러다 열흘쯤 지났을 때는 환자 혼자 병원 뜰을 산책할 정도까지 되었단다. 그 모습을 보는데 눈물이 핑 돌더라.

　"장 박사, 축하하오! 정말 대단하오!"

　"정말 반가운 소식이오!"

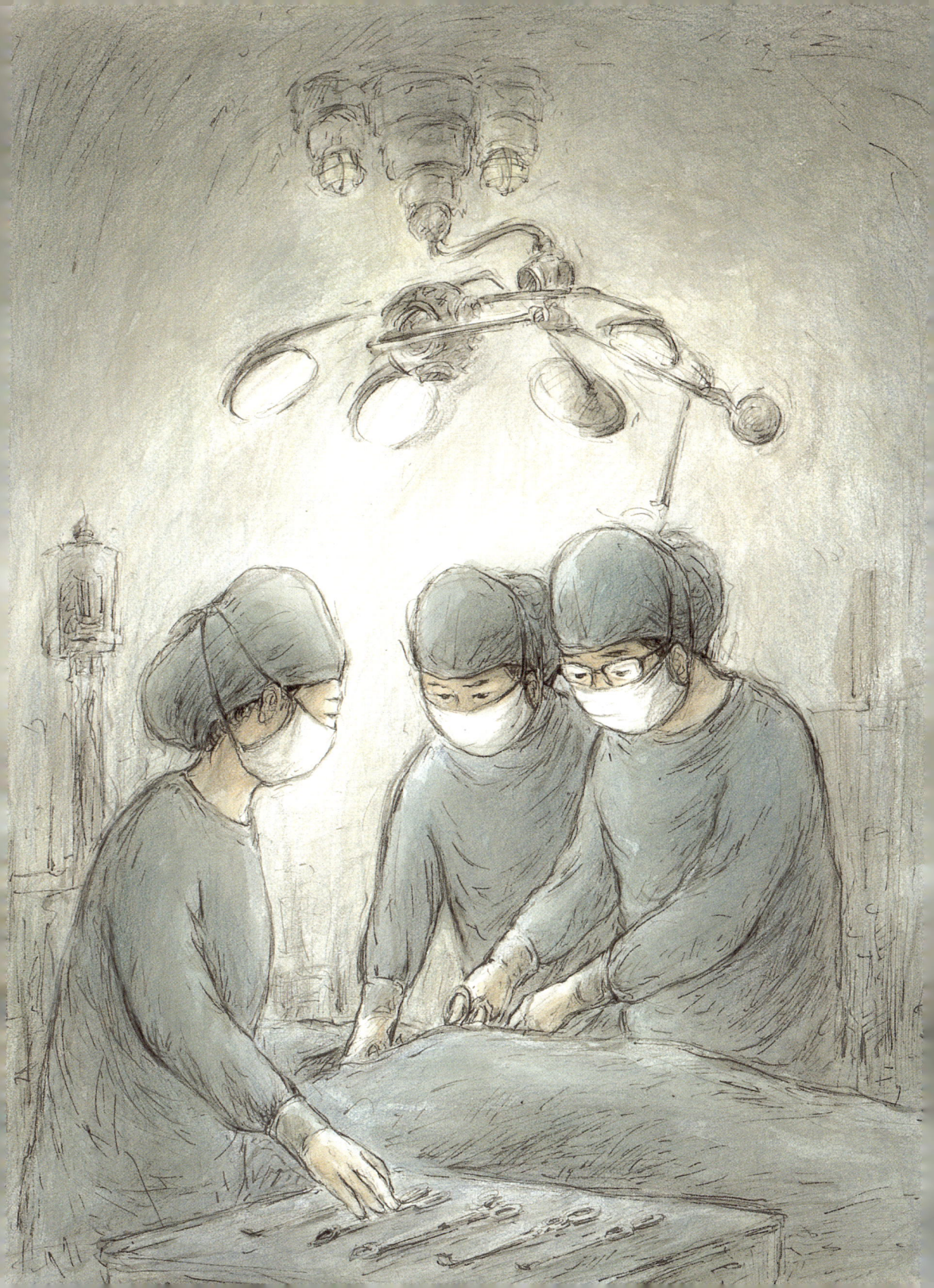

"그 환자 정말 운도 좋군요. 장 박사가 아니었다면 두 번 다시 세상 보기 힘들었을 텐데."

원장과 동료 의사들이 기뻐하며 축하 인사를 건넸어. 칭찬을 받으려고 수고한 게 아니었기 때문에 솔직히 좀 부담스러웠지. 나는 하느님을 믿는 의사는 이래야만 한다고 믿고 있었거든.

첫째, 환자를 내 몸같이 사랑하라.
둘째, 직업의식으로 일하지 말고 사명감으로 일하라.
셋째, 맡은 일에 최선을 다하고, 칭찬받으려 하지 말라.

곧 신문 기자들도 몰려들었단다.

"장 박사께서 처음으로 간암 수술에 성공하셨는데요, 심정이 어떠신지 한 말씀 해 주십시오."

그래서 짧게 대답했지.

"저는 그저 하느님이 시키신 대로 했을 뿐입니다."

좀 더 그럴듯한 대답을 기대했는지 기자들은 어리둥절한

얼굴을 하더구나.

정말 기뻤던 순간은 환자가 건강을 되찾았을 때야.

"박사님, 고맙습니다. 박사님이 아니었으면 저는……."

환자가 내 손을 붙잡고 울먹이는 거야.

"사람이 죽고 사는 일이 어찌 인간에게 달려 있겠습니까. 저한테 고마워하지 마시고 하느님께 고마워하십시오."

그랬더니 환자가 머리를 숙이며 이렇게 말하지 뭐야.

"박사님이 믿는 하느님이라면 저도 믿고 싶습니다."

"……."

가슴이 먹먹하더구나. 세상 사람들의 칭찬보다 환자의 그 말 한마디가 그렇게 귀하게 느껴질 수가 없었어.

나는 환자의 손을 잡고 감사 기도를 올렸어.

하느님의 뜻이 이 땅에서 어떻게 이루어지는지 깨닫는 순간이었단다.

 기다리던 해방은 되었지만

    1945년 여름, 난 신경 쇠약에 걸리고 말았단다. 신경 쇠약은 조금만 움직여도 온 몸이 아프고, 골이 덜렁거리고, 정신이 이상해지는 고통스러운 병이야. 봄부터 기운이 하나도 없고 피곤하더니 결국 쓰러지고 만 거야. 과로에 간염에 영양 부족까지 겹쳤대.

    한 달을 입원했다가 퇴원했는데 밤마다 무서운 꿈을 꾸고 대낮에도 헛것이 보이지 뭐야. 악마도 나타나고, 고통을 받으며 죽어 간 수많은 환자들도 나타났어.

이러다 갑자기 죽을지도 모른다는 생각이 들더라고. 지금 당장 죽으면 어쩌나 하는 걱정에 자지도 먹지도 못하다가 신경 쇠약에 걸리고 만 거야. 조용하고 공기 좋은 묘향산으로 들어가 아내의 보살핌을 받으며 지냈단다.

그렇게 보름을 지냈을 때였어. 오랜만에 근처 동네에 갔던 아내가 허둥지둥 돌아왔어.

"여보, 사람들이 그러는데 우리 나라가 해방이 됐대요."

내가 잘못 들은 줄 알았지.

"당신 방금 뭐라고 했소?"

"우리 나라가 해방됐다고요."

아내가 동네 사람들에게서 들은 이야기를 해 주었어.

"정말인지 내일 나가서 알아봅시다."

일본이 무조건 항복을 하다니, 아무래도 거짓말 같았거든. 세상과 뚝 떨어진 곳에서 라디오도 없이 살다 보니 일본 천황이 떨리는 목소리로 무조건 항복한다고 선언하는 것을 듣지 못한 거야.

"여보, 당장 짐을 쌉시다. 해방이 되었으니 할 일이 얼마나 많겠소. 어서 가서 나라를 세워야지요."

조국이 해방되었는데 어떻게 누워 있겠어. 아내는 내가 건강해질 때까지 좀 더 있다가 가자고 했지만 난 막무가내였지. 아내의 부축을 받으며 몇 발자국 걷다 쉬고, 몇 발자국 걷다 쉬면서 가는데 얼마나 행복한지, 구름 위를 걷는 것 같지 뭐야.

"만세! 만세!"

"해방이다! 해방이다!"

"우리 나라가 해방되었다!"

방방곡곡, 거리거리가 온통 사람들로 물결치고 있었어. 사람들도 그제야 진짜로 해방이 되었다는 것을 몸으로 느낀 거야.

감옥에 갇혀 있던 독립투사들이 풀려나고, 외국에서 독립운동을 하던 애국지사들이 돌아오고, 강제 노동에 끌려갔던 사람들이 돌아오고, 징병 갔던 사람들이 돌아왔단다. 온 나라가 새로운 힘으로 들끓었지.

우리 나라에 있던 일본 사람들은 어찌할 줄을 몰랐어. 돈 있고 힘 있는 사람들은 남몰래 줄을 대어 일본으로 다 빠져나갔지만, 미처 도망가지 못한 일본 사람들은 불안에 떨었단다.

"숨어 있는 일본 놈들을 찾아내라!"

"너희도 한번 당해 봐라!"

삼십오 년 동안 쌓인 분노가 한꺼번에 폭발했어.

죄 없는 동족을 잡아 고문한 사람, 일본에 붙어 민족의 피를 빨아 돈을 모은 자본가, 소작농의 피땀으로 배를 불린 지주들도 벌벌 떨었어. 그럴듯한 말로 젊은이들을 꾀어 전장으로 내몰고, 일본에 충성을 다하라며 부추긴 지식인들도 무서워 떨긴 마찬가지였지.

"일본의 개가 되어 민족을 배신한 놈들을 그냥 두어선

안 된다!"

"그런 놈들은 일본 놈들보다 더 나쁜 놈들이다!"

살인과 약탈을 비롯해 크고 작은 폭력이 끊이지 않았단다. 하루빨리 정부가 들어서서 우리 민족을 바르게 이끌어야 했어.

평남 건국 준비 위원회 위생과장을 맡은 지 한 달이 지난 어느 날이었어. 오 년 동안 우리 나라를 미국과 소련이 나누어 다스리기로 했다는 소식이 들려왔어. 조선이 또다시 남의 간섭을 받게 되다니 눈앞이 캄캄해지더구나.

그러던 어느 날, 낯선 사람들이 찾아왔어. 한 사람이 나에게 먼저 손을 내밀더구나.

"반갑소, 장 박사. 난 김일성 대학 부총장이오."

같이 온 사람들은 김일성 대학 원장을 비롯해 높은 자리에 있는 관료였어.

"그런데 무슨 일로 오셨습니까?"

왠지 느낌이 좋지 않았단다.

"무슨 일은요, 장 박사를 우리 대학에 모셔 가려고 왔지요. 장 박사같이 실력 있고 깨끗하게 사신 분을 우리가 안 모시면 누가 모시겠소. 안 그렇소? 하하하."

"맞습니다. 당연히 저희가 모셔야지요."

다른 사람이 맞장구를 쳤단다.

"의사로서도, 한 인간으로서도 양심 바른 분이라고 다들 칭찬이 자자합니다. 아시다시피 의사, 학자, 예술가 할 것 없이 친일을 하지 않은 지식인이 드물지 않습니까."

"우리 대학엔 장 박사 같은 사람이 꼭 필요하오!"

그 사람들이 내 칭찬을 늘어놓으니 오히려 더 내키지 않더라고. 딱 잘라 싫다고 말하고 싶었지만 그럴 수도 없었어. 그랬다가 무슨 봉변을 당할지 알 수가 없었거든. 그렇다고 해서 마음에 없는 일을 할 수도 없었어.

"부총장님, 죄송하지만 저는 갈 수가 없습니다."

그 순간, 사람들 표정이 갑자기 굳어지더라고.

"거절하시는 까닭이 뭡니까?"

난 자격이 없다고 대답했어. 그러자 부총장이 웃지 뭐야.

"장 박사가 자격이 없다면 조선 팔도에 누가 자격이 있겠습니까?"

"아닙니다. 전 실력도 모자라고, 공산당 사상도 모릅니다. 게다가 기독교인이기까지 합니다."

그러자 부총장이 웃음을 터뜨렸어.

"하하하, 겨우 그런 것들 때문입니까? 그 정도는 다 이해해 드릴 테니 걱정하지 마십시오. 그런 건 같이 일하다 보면 다 해결될 거요."

그렇게까지 말하는데 더는 마다할 수가 없더라. 사실 말이 부탁이지 명령이었거든.

하느님이 정해 놓으신 길이 어떤 길인지 모르지만, 의사로서 열심히 환자를 돌보면 그만이라고 스스로를 위로하며 따라가는 수밖에 없었어.

뻔뻔한 예수쟁이 놈이
뭐가 대단하다고

　김일성 대학 외과 교수로 가 보니 공산주의 사상으로 똘똘 뭉친 학생들과 동료들이 기다리고 있었어. 종교의 자유가 있다더니 말뿐이었던 거야.

　공산당이 날이 갈수록 기독교인을 못살게 굴자 기독교인들은 고향을 등지고 남으로 내려갔지. 제자들도 여럿 남으로 갔어.

　그럴수록 나는 새벽마다 교회에 나가 기도하고, 일요일

에는 일하지 않았단다. 수술을 하기 전에도 꼬박꼬박 기도를 했고. 그랬더니 기독교를 비웃으며 수업을 방해하던 학생들도 언제부턴가 얌전히 공부하더구나.

웬일인지 김일성은 나에게 모범 일꾼 상과 박사 학위를 주었단다. 북한에서 박사 학위를 받은 것은 내가 처음이었지. 논문을 내지도 않았는데 박사 학위를 준 거야.

"뻔뻔한 예수쟁이 놈이 뭐가 대단하다고 그렇게 큰 상을 주고 상금까지 주는지 모르겠군!"

"뒤에 누가 있는 게 뻔해! 그렇지 않고서야 예수쟁이가 어떻게 저리 잘 나가겠어? 게다가 당원도 아니잖아."

당에 충성하며 출세에만 마음이 가 있는 사람들은 내가 그런 대접을 받는 게 몹시 못마땅했단다. 게다가 난 김일성 대학 교수 가운데 월급을 가장 많이 받았어. 한마디로 최고 대접을 받은 거지.

그래도 늘 가난했어. 내 월급은 다 환자들에게 들어가고, 아내가 환자복을 만들고 삯바느질을 해서 번 돈으로 열 식구가 먹고 살았지. 자식 여섯에 부모님과 아내 그리고 나까지 열 명이나 되었던 거야.

가재도구는 벌써 다 내다 팔아 더는 팔 것도 없었단다.

당원도 아니고, 기독교까지 믿는 나한테 왜 잘해 주었을까 하고 생각해 보면, 아마도 내가 가난하게 살아서였던 것 같아. 당에 충성하던 사람들도 하나 둘씩 숙청하는*반대파를 없애는 일 때였거든.

1950년 유 월, 그 슬픈 유 월에 난 여름휴가를 받아 휴양지에 내려가 있었단다. 공기 좋고 조용한 곳에서 쉬면서, 기도도 하고 외국 의학책도 번역하며 보내고 있었지.

그러던 어느 날, 새벽에 일어나 책을 읽고 있는데 전화가 왔단다.

"장 박사, 어서 올라오시오. 모두 비상 대기하라는 명령이오."

동료는 앞뒤 사정도 말하지 않고, 당장 돌아오라고만 했어. 나와 동료들은 무슨 일인지도 모르는 채 병원에서 대기했단다.

그 까닭을 알게 된 건 6월 25일 오후였어.

신문을 받아 든 순간, 정신이 아득해지면서 온 몸에서 힘이 쭉 빠져나가더구나. 남한과 북한 사이에 전쟁이 터진 거야.

'한 민족이 둘로 갈라져 싸우다니…….'
피눈물이 흐르더구나.

몇 날이 지나도 라디오에서는 북한군이 이기고 있다는 소식만 들려왔어. 아무래도 거짓말 같았지.

어느 무더운 밤, 자려고 누웠는데 비행기 소리가 나는가 싶더니 "콰광! 콰과광! 콰과과광!" 폭발음이 들리지 뭐야. 뛰쳐나가 보니 밤하늘을 가득 메운 비행기에서 폭탄이 떨어지고 있었어.

"공습이다!"
길에 나와 있던 사람들이 소리쳤단다.

평양 시내는 한순간에 불바다가 되었어. 난 당장 병원으로 달려갔지. 병원은 파편에 맞아 피를 흘리는 사람, 화상을 입은 사람, 팔다리가 잘려 나간 사람들로 아수라장이었어. 공산주의가 무엇이고 민주주의가 무엇인지도 모르는 사람들이었지.

"박사님, 당장 수술해야 할 환자가 사백 명도 넘는 것 같습니다!"

젊은 의사 몇 사람이 소리쳤어. 난 얼른 정신을 차리고 가장 급한 사람 먼저 수술실로 옮기게끔 했단다. 그날 밤, 병원에도 폭탄이 떨어졌지만 우리는 오십 명이나 되는 중환자를 수술했지.

두 달 뒤 평양이 함락되기 전에 김일성은 멀리 도망을 쳤어. 알고 보니 남한의 이승만도 오래 전에 도망을 쳤다지 뭐야. 생각할수록 죄 없는 백성들만 불쌍했어. 게다가 겨우 열일곱 살에 인민군 장교로 끌려간 큰아들을 생각하면 가슴이 찢어졌지.

그러던 어느 날, 중국 공산군이 북한군을 도와 내려오고 있다는 소문이 돌더구나. 국군이 평양을 점령한 지 얼마 되지 않아 경성 의전 후배들 부탁으로 국군들을 치료해 주고 있을 때였어.

중공군이 얼마나 잔인한지 여자들 젖가슴을 도려내고,

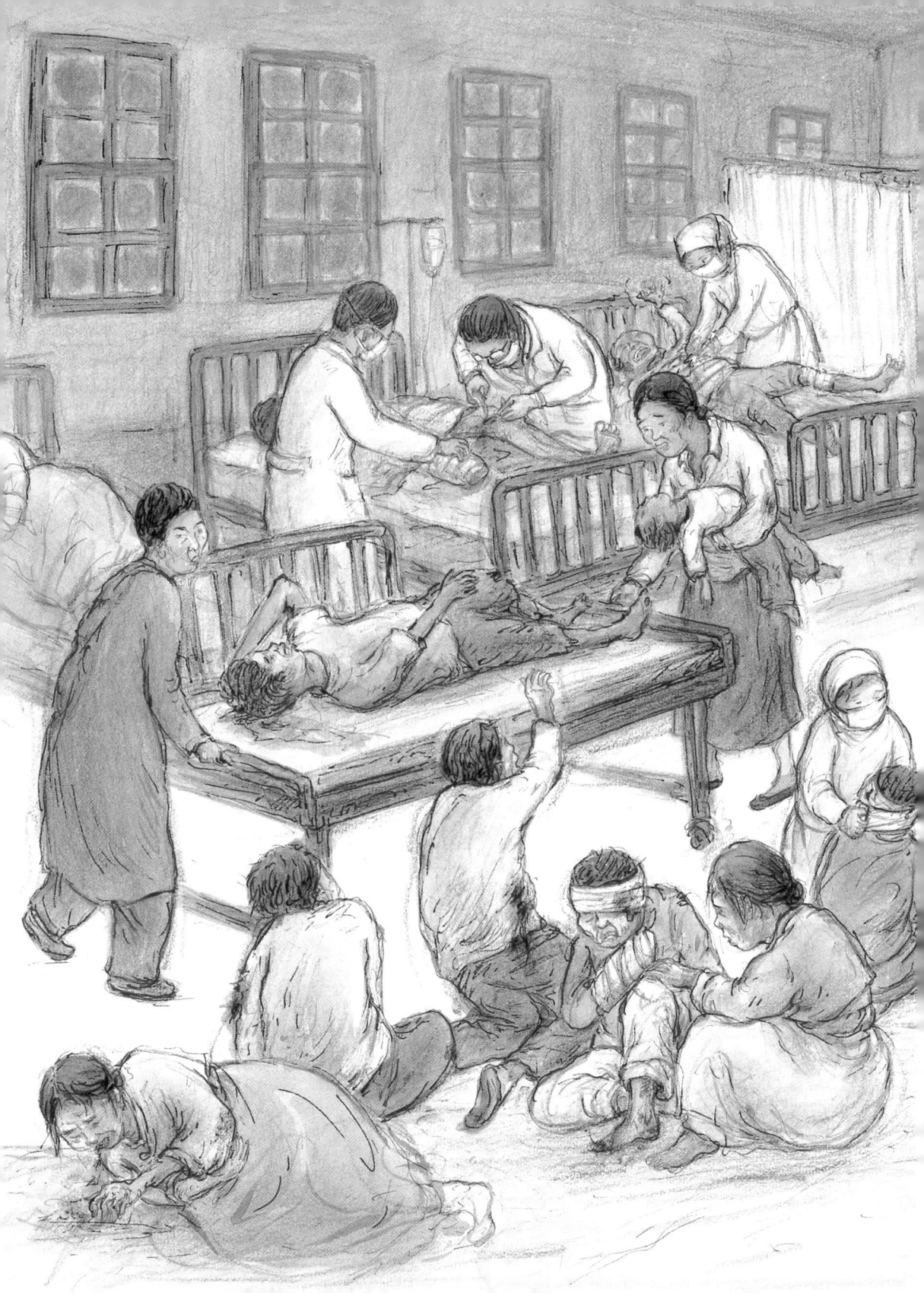

산 사람 코도 벤다지 뭐야. 국군이 퍼트린 소문인 걸 알 리 없는 북한 사람들은 잔뜩 겁을 먹고 남쪽으로 도망가기 시작했단다.

우리 가족도 마찬가지였어. 아내 먼저 다섯 남매를 데리고 친정 부모와 먼저 떠나고, 나는 부모님을 모시고 떠나기로 했지. 그런데 부모님이 한사코 따라가지 않겠다고 고집을 피우시는 거야.

"우리는 남아 있을 테니 너희나 가거라. 따라가 봐야 너희에게 짐만 될 게야. 아무리 못된 놈들이라 해도 늙은이들에게까지 해코지하겠느냐."

"박사님, 어서 타십시오! 다리가 곧 폭파될 겁니다. 시간이 없습니다!"

대문 밖에서는 안 소령이 애타게 불러 대지, 발길은 안 떨어지지, 정말 미치겠더구나. 국군 병원에서 가깝게 지낸 안 소령이 윗사람의 지시를 어기면서까지 우리를 태우러 와 주었기 때문에 더 기다리게 할 수도 없었단다.

"어서 가거라."

보다 못한 부모님이 나와 손자의 등을 떠미셨어. 둘째 아들 가용이는 나에게 옷 가방을 가져다주러 왔다가 함께 가게 되었던 거야.

"금방 돌아오겠습니다. 그때까지 건강하게 계십시오."

난 부모님께 큰절을 올린 뒤 차에 올랐단다.

평양 종로 거리는 피난을 떠나는 사람들로 바다를 이루고 있었어. 우리를 태운 차는 사람들 물결 사이를 겨우겨우 빠져나갔지.

'다들 저렇게 고생을 하는데, 나만 편히 차를 타고 가다니……'

미안해서 고개를 들지 못하는데, 가용이가 소리쳤어.

"저기, 엄마가 있어요!"

창 밖을 보니 밀물처럼 밀려가는 사람들 틈에서 아내가 어린 딸 신용이 손을 잡고 걷는 게 보였어.

'차 좀 세워요!'

차를 세우고 가족을 태우고 싶었단다. 하지만 내가 탄 차는 환자가 타고 있는 앰뷸런스인 데다 파도처럼 떠밀려 가는 사람들을 헤치고 아내에게 가기도 어려웠지.

하지만 차를 세우게 하지 못한 까닭은 따로 있었단다. 차를 세우면 그 많은 사람들이 차에 타려고 아우성일 텐데 그 사람들을 다 밀어내고 내 가족만 태울 수가 없었던 거야. 그래, 양심이 허락하지 않았어.

아주, 아주 짧은 순간이었지만 머릿속에 온갖 생각이 스쳤어. 그 사이 아내는 점점 더 멀어져 갔지.

'미안하오, 여보……. 가용이하고 먼저 가 기다리고 있겠소. 장인, 장모님하고 아이들하고 꼭 내려오시오…….'

아내에게 용서를 빌었어. 하지만 곧 남쪽에서 다시 만날 거라고 굳게 믿었단다. 아내와 아이들과 장인, 장모님과 말이야.

"엄마! 엄마……."

가용이가 자꾸 울부짖었지만 우리가 탄 차는 벌써 다리를 건너고 있었지. 아내와 어린 신용이 모습은 더는 보이지 않았어.

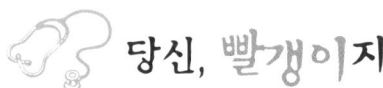 당신, 빨갱이지

다리를 건넌 뒤부터는 무조건 걸었어. 주인이 피난을 떠나고 없는 빈집을 뒤져 먹을 걸 찾았지. 운 좋게 먹다 남은 음식을 주워 먹기도 했지만, 아무것도 먹지 못할 때가 더 많았단다.

개성에 닿으니 운 좋게도 서울로 가는 기차가 있더구나. 수많은 사람들이 서로 기차에 타려고 아우성이었지. 난 가용이에게 다짐을 받았단다.

"절대 이 손을 놓쳐서는 안 된다. 알았느냐?"

가용이가 내 눈을 바라보며 고개를 끄덕이더구나. 우리는 손을 꼭 잡고 간신히 기차에 올라탔단다. 기차 칸은 콩나물시루처럼 사람들로 빼곡했지만, 우리는 몹시 운이 좋았던 거야. 미처 기차에 타지 못한 사람들은 목숨을 걸고 기차 지붕으로 올라갔으니까.

기차 지붕에 올라간 사람들은 추위와 두려움에 벌벌 떨며 지붕에서 떨어지지 않으려고 안간힘을 썼단다. 떨어지면 그 자리에서 죽고 말 테니까.

시간은 오래 걸렸지만, 기차는 무사히 서울에 다다랐어.

"기려야, 여기!"

역을 나오는데 사촌 형님이 서 있지 뭐야. 얼마나 서러운지 부둥켜안고 울었단다.

"어떻게 알고 나오셨어요?"

"어젯밤 꿈에 네가 나타나 도와 달라고 하지 뭐냐. 그래서 혹시나 하고 나와 본 거야."

정말 기적 같은 일이었어. 난 아내와 가족들은 지금 평양 사람들과 내려오는 길이라고 이야기했어. 차에 태우지 못한 이야기를 하자 사촌 형님이 위로해 주시더구나.

"그래……. 나라도 그랬을지 몰라. 사돈어른이 함께 계시니까 너무 걱정하지 마. 며칠 뒤면 올 거야."

나는 사촌 형님 댁에서 하루를 묵고, 백 교수를 찾아갔단다. 사모님이 나를 보더니 눈시울을 붉히더구나.

"왜 이제야 오셨어요? 그이가 얼마나 기다렸는데……. 장 박사가 오면 교수 자리를 물려주려고 개업도 미루고……. 지난번에 인민군이 물러가면서 그이를 끌고 갔어요."

하늘이 무너진다는 게 바로 그런 걸 거야.

'당신의 지식과 기술을 모두 물려주신 것도 모자라 더 주시려고 오래도록 기다리신 교수님……. 그 큰 은혜를 영영 갚지 못하게 될 줄이야…….'

이제 교수님께 아무것도 해 드릴 수 없게 되었다는 게 그렇게 죄스러울 수 없더구나.

얼마 뒤 우리는 사람들을 따라 부산으로 내려갔단다. 중공군이 서울까지 내려온다는 소문이 있었거든. 부산은 온 나라에서 몰려든 피난민들로 북새통이었어. 옷은 더럽지, 배는 고프지, 나나 가용이나 거지가 따로 없었어.

사람들을 따라 피난민 수용소로 가고 있는데 날 부르는 소리가 들리는 것 같더라. 돌아보니 평양에서 가깝게 지내던 사람이었어.

"세상에, 여기서 뭐 하시는 거예요! 병원으로 가셔야지 수용소로 가시면 어떡해요. 장로님은 의사잖아요!"

순간 가슴이 뭉클하면서, 내가 의사라는 사실이 그렇게 고마울 수가 없더구나.

그런데 기쁨도 잠깐이었단다. 아내가 피난 나오는 걸 포기하고 다시 집 쪽으로 갔다는 소식을 들은 거야. 그 사람 말이, 함께 오려고 했는데 우리 식구가 너무 많아서 어떻게 도와줄 수가 없었다는 거야.

'그때 차에 태웠더라면……'

자꾸 그 생각만 나면서 억장이 무너지더구나.

가용이를 보니, 그래도 살아야겠다는 생각이 들더구나.

어떻게든 살아 있다 보면 식구들을 만날 날도 오지 않겠나 싶었고.

나는 기운을 내기로 했단다. 당장 육군 병원으로 갔지.

"백 교수님이 그렇게 자랑하시던 장 박사님이시군요! 그동안 고생 많으셨지요?"

남한 의사들이 반갑게 맞아 주더구나.

육군 병원에 취직하고 나자 곧 크리스마스이브가 되었어. 가용이와 함께 교회로 가 예배를 드렸지.

"하느님, 저는 늙으신 부모님과 착한 아내, 어린것들을 두고 온 죄인입니다. 간절히 바라옵건대 다시 만날 때까지 건강하게 보살펴 주소서."

기도를 올리는데 눈물이 주르르 흐르더구나. 가용이가 집에 가자고 조를 때까지 하느님께 매달렸단다. 기도를 끝내고 교회 문을 나서는데, 젊은 사람 셋이 다가오더니 팔을 꽉 붙들지 뭐야. 눈초리가 몹시 사납더구나.

가용이가 겁을 먹고 소리쳤단다.

"안 돼요! 우리 아버지예요! 잡아가지 말아요!"

그러자 신도 한 사람이 가용을 꽉 끌어안았어.

"장로님, 가용이는 저희가 돌볼 테니 걱정 마세요."

나는 고맙다고 말하고 낯선 청년들을 따라나섰단다.

청년들은 나를 차에 태우더니 헝겊으로 내 눈을 가리더구나.

눈가리개를 풀었을 때는 천장에 전등 하나가 달려 있고 책상 하나가 놓여 있는 어두컴컴한 방이었어.

눈을 뜨자마자 청년이 불쑥 나타나서는,

"이 빨갱이 새끼!"

하며 따귀를 올려붙였어. 나는 침착하려고 애썼어.

"난 공산주의자가 아니라 하느님을 믿는 의사입니다."

"이 새끼, 여기가 어디라고 감히 거짓말을 해! 김일성이 보내서 온 거 다 알아!"

난 다시 한 번 조용히 말했지.

"난 하느님을 믿는 의사입니다. 다른 사람들처럼 피난을 온 것뿐입니다."

"이런 악질 빨갱이 새끼가 다 있나. 모범 일꾼 상에, 공

화국 제1호 박사에, 김일성 대학에서 온갖 특별 대우는 다 받았잖아!"

주먹이 날아오고, 발길질이 날아왔단다.

"다시 돌아가려고 가족도 두고 온 거잖아!"

그렇게 말하는데, 아무리 아니라고 한들 무슨 소용이 있겠나 싶더구나. 눈 감고 하느님께 기도하는 수밖에.

'하느님, 저는 당신 것입니다. 하느님 뜻대로 하소서……'

청년은 내가 기도하는 것을 보더니 "지독한 놈!" 하며 욕을 퍼붓고는 나가 버리더구나. 철문이 닫히고 철커덕 하고 자물쇠 잠기는 소리가 났어. 어둠 속에서 며칠을 보냈는지 알 수가 없었어.

어느 날, 문이 열리더니 한 청년이 들어오더구나. 또 시작이구나 하는데 청년이 고개를 푹 숙이지 뭐야. 순간, 살았구나 싶더구나.

"죄송합니다. 저희가 잘못 알았습니다."

청년은 몇 번이나 미안하다고 하더니 나를 풀어 주었어.

나와 보니 그 해가 끝나는 12월 31일이었어. 일곱 밤을 갇혀 있었던 거야.

"아버지!"

가용이가 나를 보더니 울음을 터뜨리더구나. 아버지마저 잃은 줄 알았을 거야.

"장 박사, 무사해서 정말 다행이에요!"

사람들은 안도의 한숨을 쉬었단다. 그곳은 한번 들어가면 살아 나오기 힘든 곳이었거든. 가까이 지내는 한상동 목사와 여러 사람이 나를 구하려고 사방팔방으로 뛰어다녔더구나. 그렇게 많은 사람이 나를 생각해 주다니, 얼마나 고마웠는지 모른단다.

 ## 식구 수대로 월급을 가져갑시다

세상에는 아름다운 사람들이 참 많단다. 그런 사람들 때문에 세상은 살 만한 곳이 되는 거야.

어느 날, 난 아름다운 청년을 알게 되었단다. 한상동 목사가 데리고 온 청년이었지. 눈빛이 착하고 똑똑해 보이는 젊은이였어. 한 목사가 나를 소개하자 젊은이가 꾸벅 인사를 하더구나.

"안녕하십니까, 전영창입니다."

"이 친구, 미국에서 신학을 공부하다가 중공군이 밀려온다는 소식을 듣고 당장 비행기를 탔답니다. 일주일 뒤면 졸업인데 뒤도 안 돌아보고 말입니다. 그것도 오천 달러나 되는 성금을 거둬 가지고 말예요."

한 목사 이야기를 들어 보니 정말 대단한 청년이었어. 한 목사도 그 청년이 대견해 어쩔 줄 몰라하더구나.

"방금 전, 전영창 군하고 유엔 원조처를 찾아가 가난한 사람들을 위해 쓰라며 돈을 내밀었어요. 그랬더니 담당자가 한참을 바라보더니 당신이라면 믿을 만하다면서, 그 돈으로 병원을 내면 날마다 약을 대어 주겠다지 뭡니까! 그래서 그 길로 박사님께 달려온 거랍니다."

세상에, 살다 보니 이렇게 좋은 일도 일어나는구나 싶으면서 가슴이 벅차더구나. 얼마나 기쁜지 내 마음을 숨길 수가 없었단다.

"자네가 정말 자랑스럽네. 함께 일해 보세. 최선을 다하겠네."

"박사님께서 도와주신다니 저야말로 영광입니다. 고맙

습니다."

"병원 이름은 자네가 짓게."

내 말이 떨어지기가 무섭게 전영창이 말했단다.

"복음 병원이라고 지으면 어떻겠습니까?"

"하느님의 복된 말씀이라, 참 좋은 이름일세. 이제 하느님 말씀을 실천하는 일만 남았군."

우리는 당장 작은 창고 하나를 빌렸단다. 창고를 칸막이로 막아 진찰실과 약국, 수술실을 나누고, 밤새워 나무로 수술대도 만들었지.

복음 병원에서 무료로 진료를 해 준다는 소문이 퍼지자 환자들이 몰려오기 시작하는데 정신을 차릴 수가 없을 정도였단다. 당장 수술해야 할 환자들도 많았지. 갖고 있던 돈이 금세 바닥이 나더구나. 하지만 병원이 너무 비좁은 게 더 큰 문제였단다.

곧장 유엔 원조처로 찾아가 사정을 말했더니 넓은 터에 아주 커다랗고 튼튼한 군용 천막을 세 개나 쳐 주지 뭐야. 비록 천막 병원이었지만 병원 자리가 넓어지자 굶어도 배

가 고프지 않더라니까.

희미하게 흔들리는 촛불 아래에서 수술을 하고 핏줄을 꿰매고, 나무 자르는 톱으로 수술을 해도 행복하기만 했단다. 한 미국인 의사가 그 모습을 보고는 "꼭 동물을 수술하는 것 같다."고 했지만 그래도 괜찮았단다.

진료를 받지 못하고 돌아가는 환자를 볼 때가 참 가슴이 아팠어. 뜻있는 의사들을 보내 달라고 또다시 하느님께 부탁했단다.

기도가 닿았는지 어느 날, 경성 의전 후배이자 서울 의대 교수로 있는 전종휘가 찾아와 돕겠다고 하지 뭐야. 경성 의전이 서울 의대로 이름을 바꾸고 학생들과 함께 부산으로 피난 와 있었거든.

천사를 보내 주신 하느님께 감사 기도를 올렸단다.

하지만 무료로 진료를 하다 보니 늘 돈이 모자랐어. 무료로 일해 주는 의사와 간호사도 늘었지만, 월급을 주어야 하는 직원도 어느새 열한 사람으로 늘었거든. 며칠을 고민하다가 직원들을 불러 모아 놓고 이야기했지.

"앞으로 직급에 상관없이 식구 수대로 월급을 가져가기로 합시다."

모두들 깜짝 놀랐는지 아무 말도 하지 않더구나. 이게 다 무슨 소린가 하는 표정이었지. 시간이 좀 흐르자 한 직원이 뭔가 이상하다는 듯 말하더구나.

"그러면 원장님 월급하고 운전기사 월급이 똑같아지는데요……."

"하하하, 그게 무슨 상관이오. 딸린 식구가 많은 사람이 월급을 더 가져가는 것은 아주 당연한 일 아니겠소."

직원들은 그제야 고개를 끄덕이며 밝게 웃더구나. 아무튼 그때부터 병원 식구들은 전보다 더 열심히 일했어.

그러는 사이 환자가 점점 늘어나 어떤 날은 하루에 이백 명도 넘게 왔어. 진료도 해 주지 못하고, 약 한 봉지도 들려 보내지 못할 때는 무척 마음이 아팠단다. 답답한 마음에 직원들은 별의별 생각을 다 했어.

"아주 조금씩만 돈을 받는 게 어떨까요?"

"그러지 말고, 돈을 낼 수 있는 사람만 돈을 내게 하는 게 어떨까요? 돈이 없는 사람은 돈을 내지 않고요."

"그런데 돈을 낼 수 있는 사람과 돈을 낼 수 없는 사람을 어떻게 구별하죠?"

"점쟁이를 데려다 놓고 누가 돈이 있고 누가 돈이 없는지 알아맞히게 하면 안 될까요? 하하하……."

오죽하면 그런 말을 다 했겠어.

그때 전종휘가 이러지 뭐야.

"교회에는 헌금함이 있는 것처럼 병원에 감사함을 놓아두는 게 어떨까요? 내고 싶은 사람만 낼 수 있게 말입니다. 일단 한번 해 보고 안 되면 그때 가서 다른 방법을 찾아보는 거예요."

돈을 받는다는 것이 내키지 않았지만, 병원 문을 닫는 것보다는 그렇게 해서라도 진료를 하는 게 나을 것 같았지. 내 허락이 떨어지자마자 직원들은 감사함을 만들어 세워 두었어.

환자들은 처음에는 어리둥절해하더니 복음 병원이 없어지기라도 할까 봐 일 원이라도 넣고 갔단다. 그런 모습을 볼 때마다 가슴이 뭉클했어. 돈 한 푼 없는 사람들에게는 일 원도 큰돈이었거든. 돈이 많으면서도 그냥 가는 사람들도 있었지만 그냥 모르는 척했단다.

 어서 뒷문으로 도망가세요

참 슬픈 일이었어. 삼 년 하고도 한 달을 끌며 강산을 피로 물들이던 전쟁이 조국을 둘로 동강 낸 채 끝나 버린 거야. 그때가 1953년 여름이야.

부모님과 아내, 사랑하는 자식들을 영영 못 만날지도 모른다고 생각하니 하늘이 무너지더구나. 그 고운 손으로 바느질을 해 시부모와 여섯 아이 먹여 살리다가 이제는 못난 남편마저 잃고 살아갈 아내를 생각하니 죄스러워 견딜 수가 없었어.

그날, 가용이를 부둥켜안고 얼마나 울었는지 몰라.

"열심히 살다 보면 언젠가 꼭 만날 날이 올 거예요. 기운 내세요, 아버지."

오히려 가용이가 나를 위로했단다. 가용이 말이 맞을 것 같더구나. 내가 열심히 살면 아내도 열심히 살 것 같았던 거야. 왠지 꼭 그럴 것만 같았거든. 난 가난한 환자들을 돌보며 한평생을 보내기로 또다시 다짐했단다. 내가 남을 보살피면 우리 식구도 왠지 누군가가 보살펴 줄 거라고 생각했던 거야.

그래, 정말 열심히 살았어.

휴전이 되면서, 서울 의대가 서울로 다시 옮기는 바람에 밤기차를 타고 서울에 올라가 학생들을 가르친 뒤, 다시 밤기차를 타고 부산으로 내려와 환자들을 진료했어.

삼 년 뒤에는 서울 의대 교수직을 그만두었어. 복음 병원이 바다가 보이는 언덕에 사 층짜리 건물로 이사하면서, 환자들이 많아져 서울까지 다녀올 수가 없었거든. 새로운 장

비도 들여놓고 직원도 늘어났지. 하지만 돈이 모자라긴 마찬가지였어. 생각다 못한 복음 병원 직원들은 얼마 전부터 백 환씩 받던 치료비를 좀 더 받기로 했단다.

무료인 줄 알고 찾아온 환자들은 어쩔 줄을 몰라 했어. 그런 모습을 보고 있으면 그렇게 속이 상할 수가 없었어. 하지만 병원 문을 닫는 것보다는 나을 것 같았지.

그러던 어느 날이었어. 가만 보니 퇴원했어야 할 환자가 아직까지 병원에 있는 거야. 어떻게 된 거냐고 물었더니 담당 직원이 돈을 안 냈다고 퇴원을 안 시켜 준다며 울먹이는 거야. 어찌나 화가 나던지 참을 수가 있어야지.

"병원이 언제부터 환자를 붙잡아 두는 감옥이 된 거요?"

당장 쫓아가서 직원 책상을 뒤집어엎어 버렸단다.

그 순간, 서랍이 엎어지면서 돈 없는 환자들이 맡긴 물건들이 와르르 쏟아지는데, 세상에…….

"이봐요! 돈 없는 환자는 환자도 아니오? 돈 없으면 죽으란 소리냐고!"

내가 그렇게 화를 내는 건 처음 보았는지 직원이 벌벌 떨면서 잘못했다고 빌더구나. 병원비가 없어 퇴원을 못 하는 환자를 보고만 있을 순 없잖아. 그래서 한밤에 병실을 찾아가 어서 짐 싸서 도망가라고 할 때가 많았어.

"뒷문을 열어 두었으니 어서 도망가세요. 제가 망보고 있을게요."

그러면 환자들은 어쩔 줄을 몰라하면서 어떻게 돈도 안 내고 도망을 가냐며 펄쩍 뛴단다.

"돈이 있어야 병원비를 내지요. 없어서 못 내는 거지, 있는데도 안 내는 게 아니잖아요."

아무리 말을 해도 꼼짝도 하지 않아. 내 마음만 급해지는 거지.

"백날 여기서 이러고 있어 봐야 돈이 생깁니까? 농사철이라 한창 바쁠 텐데 어서 가서 일하셔야지요. 병원비는 나중에 돈 벌면 갚으세요."

"선생님, 이 은혜 죽어서도 잊지 않겠습니다."

그제야 짐을 싸는 거야. 차비도 없으면서 말이야. 차비를 드리면, 미안해 어쩔 줄 몰라하면서 또 연거푸 인사를 하

지. 사실 병원 직원들도 내가 환자들을 몰래 도망가게 해 준다는 걸 알고 있었어. 아무리 그러지 말라고 해도 소용없으니까 그냥 둔 거지.

언젠가 내가 병원 직원에게 병원 울타리를 좀 낮추라고 했더니 직원이,

"환자들이 도망가기 쉽게 말이죠?"
하며 빙그레 웃더구나.

이런 사람도 있었어. 돈이 없어서 삼 년째 병을 앓고 있던 사람이었지. 그런데 어느 날, 아는 사람이 찾아와서 이러더래.

"부산에 있는 복음 병원 앞에 가서 누워 있어 보세요. 그러면 장기려 박사가 공짜로 수술해 줄 거예요."

그 사람은 얼마나 아팠던지 시키는 대로 했어. 내 눈에 띄려고 우리 병원 앞에 누운 거야. 결국 치료를 받고 병이 나았지. 그 사람이 누군 줄 아니? 바로 우리 병원 경비 아저씨야.

그땐 그랬어. 일제 강점기 아래에서 찢어지게 가난해진

나라가 전쟁으로 쑥대밭이 되었으니 오죽했을까. 어쩌다 보니 거지가 되어 버린 사람들도 수두룩했지.

가톨릭 의대 교수로 있던 어느 날이었어. 길을 가는데 거지 할아버지가 손을 내밀지 뭐야.

"신사 양반, 불쌍한 늙은이에게 적선 좀 하시오."

얼른 양복 주머니를 뒤져 보니 돈이 한 푼도 없더라고.

"할아버지 죄송해요. 다음에는 꼭 드릴게요."

어찌나 미안했는지 몰라. 몇 걸음 걸어가는데 갑자기 그날 월급을 받아 안주머니에 넣은 게 생각나지 뭐야. 수표를 꺼내 들고 얼른 할아버지께 달려갔지. 할아버지는 수표를 처음 보았나 봐.

"이게 뭐요?"

"은행에 가시면 돈으로 바꿔 줄 거예요."

그제야 고맙다고 하지 뭐야.

며칠 뒤 은행에서 전화가 왔어. 혹시 수표를 도둑맞지 않았느냐며 말이야. 웬 거지가 내가 주었다면서 현금으로 바꿔 달라고 했다는 거야. 내가 드린 게 맞으니 돈으로 바꿔 드리라고 했지. 그랬더니 은행 직원은 잠깐 아무 말 않더니 알았다며 끊더구나.

그뿐이 아니야. 그때는 도둑도 참 많았어.

한번은 밤새 도둑이 들어와 여기저기 헤집어 놓았더구나. 한복을 훔쳐 갔는지, 방바닥에 허리끈이 떨어져 있더라고. 제자가 명절 때 입으라며 해 온 한복이었어. 한복 한 벌 없다고 큰일 나는 것도 아니고, 명절에 한복이 아닌 양복을 입는다고 흉볼 사람도 없었어. 오히려 도둑이 허리끈이 없는 한복을 내다 팔아 손해라도 보지 않을까 더 걱정이 되더라고.

이런 일도 있었어. 어느 날 도둑이 들었는데, 아무리 봐도 훔쳐 갈 것이 없었던지 보따리에 책을 싸다가 걸린 거야. 우리보다 도둑이 더 놀랐지.

"죽을 죄를 지었습니다! 한 번만 용서해 주십시오!"

내내 고개를 조아리며 용서를 빌더구나. 얼마나 미안해하던지 오히려 책밖에 없는 내가 더 미안할 지경이었단다.

"너무 미안해하지 말게. 오죽하면 책을 가져가려고 했겠

나. 그 책 가져가 팔아 봐야 살 사람도 없네. 나한텐 꼭 필요한 책이니 나한테 팔았다 치고 이 돈 받게. 책값일세."

안 받으려는 걸 억지로 쥐어 주었어. 도둑은 닭똥 같은 눈물을 뚝뚝 흘리며 책을 도로 꽂아 놓더구나.

그래, 처음부터 도둑으로 태어나는 사람은 없단다. 너무 가난하니까, 굶어 죽을 수는 없으니까 도둑질이라도 한 거였지.

늙고 병든 부모님이 계시고, 눈에 넣어도 안 아플 자식들이 제비 새끼처럼 줄줄이 입을 벌리고 있는데 편히 누울 곳도 없고, 먹을 것도 없고, 일자리도 없다고 생각해 봐.

어때, 끔찍하지? 그때는 그런 때였어.

 내가 죽을 때까지 자네를 책임지겠네

이젠 고백할 때가 된 것 같구나. 지금 생각해도 참 안타까운 일이고, 일어나지 않았더라면 좋았을 일이었어. 내가 수술에 실패한 이야기야. 아직도 마음이 아프지만, 너희에게 솔직해지고 싶구나.

어느 날, 행려병자 구호소에서 이동기란 청년을 만났어. 열아홉 살 때부터 척추가 아파 고생하다가 결국 누워서만 지내게 된 청년이었지. 이동기는 늘 화난 얼굴로 신경질을 부렸어. 똥오줌도 남이 대신 받아 주어야만 했으니 자존심이 상할 수밖에 없었을 거야.

　오랫동안 누워만 있느라고 살갗이 온 데 짓물렀어. 고름을 닦아 내고, 소독을 하고, 약을 발라 주었어. 병원으로 데려와 검사해 보니 척추 결핵이더구나. 이동기를 살리려면 결핵에 걸려 썩은 뼈를 잘라 내고 그 자리에 다른 뼈를 잘라 심어 주어야 했어.

　난 하느님께 기도한 다음, 수술을 시작했단다.

　그런데 이 일을 어떡하면 좋으냐. 뼈를 잘라 내다가 그만 그 옆에 있는 신경을 다치고 말았단다. 환자는 목하고 두 팔을 빼고는 온 몸을 움직일 수 없게 되었지.

　어떤 말로도 그때 마음을 표현할 수 없단다.

　이동기에게 사실대로 이야기하고 용서를 비는 수밖에 없었어.

　"이 군, 날 용서해 주게. 내가 수술을 잘못한 바람에 그만 몸을 움직일 수 없게 되었다네. 입이 열 개라도 할 말이 없네. 이 군, 내가 죽을 때까지 자네를 책임지겠네. 정말 미안하네."

 이동기는 입을 꾹 다문 채 눈물을 주르륵 흘렸단다. 그때부터 이동기는 말도 하지 않고, 먹지도 않았어.

 "먹어야 살지. 그러지 말고 어서 먹게."

 이동기는 내 손을 뿌리치면서 소리치더구나.

 "먹어서 뭐 하라고요! 평생 이 꼴로 살라고요? 차라리 죽으라고 하세요! 이렇게 사는 게 사는 거냐고요!"

 "그런 말 하면 못쓰네. 하느님이 주신 귀한 생명인데 하루하루 최선을 다해서 살아야지."

 "최선을 다하라고요? 무슨 최선을 어떻게 다하라는 거예요? 움직이지도 못하는데!"

 이동기는 내가 무슨 말을 해도 듣지 않았단다.

 나는 집이 없는 이동기에게 집을 사 주고, 간병인 아가씨를 구해 하루 내내 보살피게 했어. 생활비도 꼬박꼬박 대 주었지. 그리고 그 친구가 싫어하건 말건 자주 찾아갔어.

 시간이 흐르자 이동기도 내가 오기를 기다리게 되었단다. 칠 년 뒤에는 결혼도 했어. 환자가 점점 밝게 바뀌어

가는 모습을 본 간병인이 그의 아내가 되기로 한 거야.

어느덧 아버지가 된 이동기는 양계장을 차렸단다. 누워서도 알을 꺼낼 수 있게 만든 작은 양계장이었지.

"생명은 참 따뜻한가 봐요……."

어느 날 이동기가 알을 들고 그런 말을 하는데, 나도 모르게 눈물이 핑 돌더구나.

이동기를 볼 때마다 나는 "자넨 뭘 해도 잘할 거야." 하고 말했단다. 그는 정말 재주가 많았거든.

그러던 어느 날, 큰일이 일어났어. 양계장 닭들이 다 죽어 버린 거야. 이동기가 얼마나 절망하고 있을까를 생각하니 눈앞이 캄캄하더구나. 하지만 그건 오해였어. 그가 웃으며 이렇게 말했거든.

"찾아보면 누워서 할 수 있는 일이 또 있을 거예요."

세상에! 그때 기분을 뭐라고 말할 수가 없어. 이동기는 어느새 어떤 어려움에도 흔들리지 않는 사람이 되어 있었던 거야.

어느 날, 이제는 뭘 하면 좋을까 하고 생각하는데 그 동

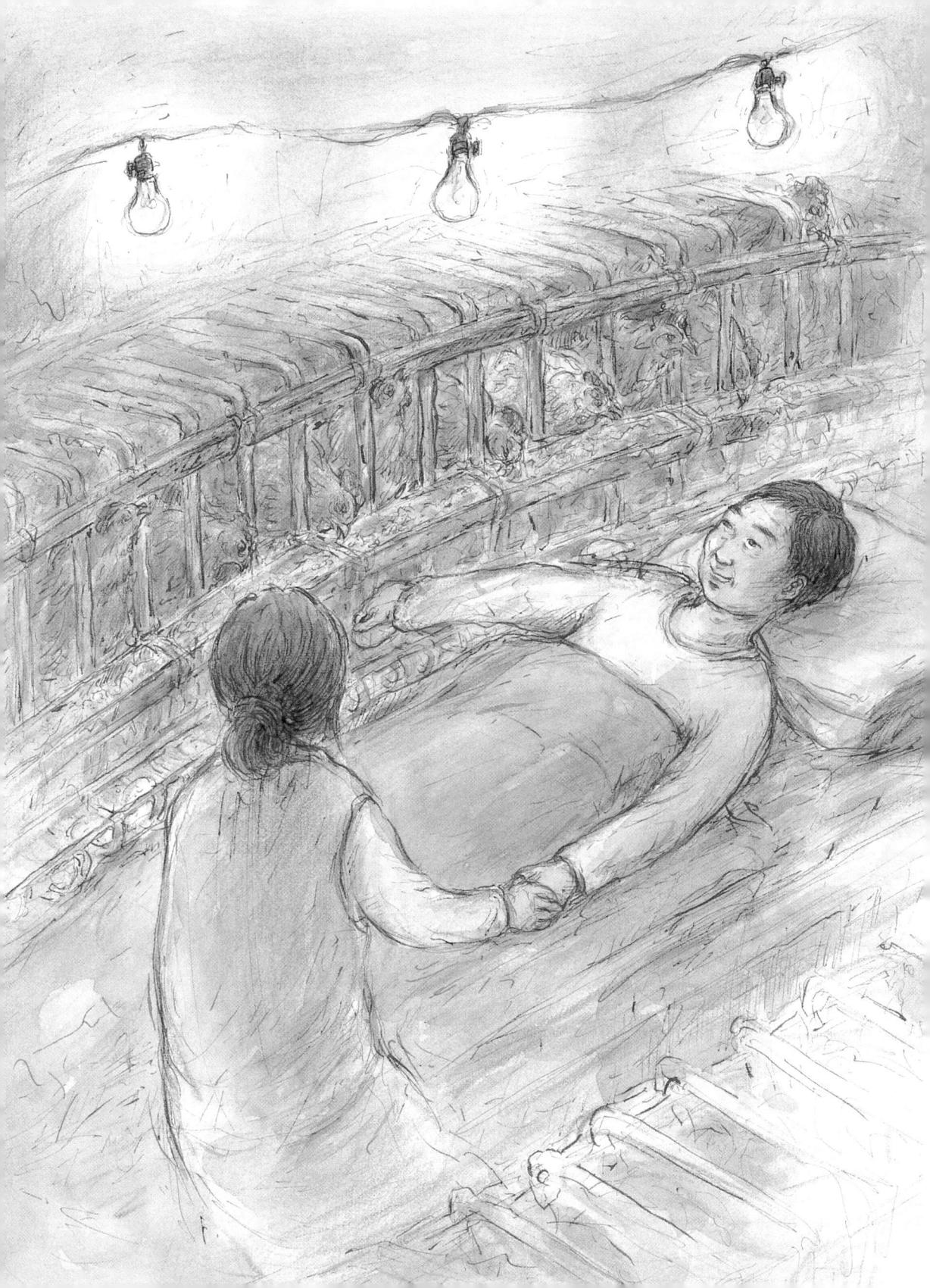

안 그 친구 읽으라고 가져다준 책이 눈에 딱 들어오더구나. 순간, 이동기가 글을 쓰면 잘 쓸 것 같다는 생각이 들더라고.

"자네, 글을 써 보면 어떻겠나?"

그랬더니 이동기도 그 생각을 한 적이 있는지 빙그레 웃더구나. 아주 기분 좋은 순간이었어.

그래서 글을 썼느냐고?

아주 두꺼운 소설책을 썼지! 덕분에 난 소설책에 머리글을 쓰는 영광을 누렸고 말이야. 머리글을 쓸 때의 그 감동이라니……. 말로는 설명 못 해.

그리고 보니 이동기와 함께한 세월이 사십 년이 넘는구나. 우린 부모 자식 사이나 마찬가지였어. 마음을 말하지 않아도 서로 다 알았으니까. 세월이 우리 두 사람을 한 가족으로 만들어 주었던 거야.

 사랑이 기적을 만들지

가난한 사람들에게는 겨울보다 여름이 좋아. 적어도 얼어 죽거나 추위에 떨지는 않아도 되니까.

그런데 1959년, 그 해는 그렇지가 않았어. 태풍이 불어닥쳐 부산을 한순간에 집어삼켰거든. 허름한 판잣집들은 다 날아가 버렸어. 엎친 데 덮친다고, 안 그래도 행려병자로 가득한 부산 시내는 온통 아수라장이 되었어. 눈 뜨고 볼 수가 없었지. 여기저기 죽은 사람들이 널려 있었어. 겨우 목숨을 건진 사람들도 꼴이 말이 아니었지. 가마니도 아닌 지푸라기를 덮고 누운 사람들로 가득했던 거야.

맞아, 꼭 전쟁터 같았어. 한 사람이라도 더 살리려고 이리 뛰고 저리 뛰었어. 병원 환자도 돌봐야 했지만, 몸은 병들고 갈 곳도 없는 사람들을 길에 그냥 놔둘 수가 없었거

든. 데려와 치료해야 할 사람은 데려와 치료하고, 수술할 사람은 수술하고, 찾아가 돌볼 사람은 찾아가 돌보았어.

같이 갔던 간호사들도 얼마나 열심히 일했는지 몰라. 더럽고 냄새도 지독하니까 처음엔 기겁을 하더니 나중엔 아무렇지도 않게 닦아 주고 돌봐 주더라고. 참 아름다운 모습이었지.

몸을 닦아 주고 손톱을 깎아 주면 기분이 얼마나 좋은지 몰라. 꼭 내가 깨끗해진 것 같거든. 씻기고 보니 얼굴도 훨

씬 잘생겨 보였단다. 당연하지. 원래 더러운 사람이 어디 있겠어? 우리 모두 귀하게 태어난 사람들인걸.

그래, 맞아. 길에서 살면 또 더러워지겠지. 손톱에 때가 새까맣게 끼는 것도 당연하고. 그래도 한번 깨끗이 씻고 나면 잠깐이라도 몸과 마음이 달라지지. 일단 기분이 달라지잖아. 싹 씻고 나면 배도 고프지. 밥 사 먹으라고 돈 주면 술 사 먹는 사람도 있었지만 알고도 모르는 척 속아 주었단다. 그러다 진짜로 밥 사 먹는 날도 있을지 모르니까.

다음 해 봄이 되니까 행려병자를 자기 몸처럼 돌보았다며 시장이 상을 준다고 받으러 오라지 뭐야. 그런데 안 갔어. 그럴 시간에 환자를 한 사람이라도 더 돌봐야 했거든. 아무튼 얼마 뒤에 행려병자들이 들어가 살면서 치료받을 수 있는 건물이 생겼단다. 시에서 지어 준 거야. 참 잘된 일이었어.

의사는 가난한 사람도 부자도 거지도 행려병자도 모두 똑같이 돌봐야 해. 나한테 수술을 받은 사람들 가운데는 부자도 많았어. 수술을 받고 살아난 부자들은 나에게 좋은 선물을 하고 싶어했지만 난 그때마다 거절했지. 의사가 환자를 고쳐 주었으면 됐지 선물은 무슨 선물.

그때는 부산 의대 외과 교수로 있을 때였는데. 어느 날, '부산 비닐'이라는 회사의 양 사장이 찾아왔어. 양 사장은 자기네 회사 전무가 나한테 수술을 받고 살아난 걸 두고두고 고마워하다가 나랑 친구가 된 사람이야.

전무가 교통사고를 입어 다른 병원에 입원했는데 두 주 동안이나 깨어나지 않으니까 그 병원에서 나에게 도움을 청한 거야. 그 일로 나한테 영국제 최고급 양복 한 벌을 해 주겠다고 했다가 거절당하고 난 다음부터 나를 자주 찾아와 친구가 되었지.

"박사님, 무슨 걱정이라도 있습니까?"

그 즈음 마음고생을 하고 있었는데 양 사장이 눈치를 챈 거야. 연구 과제를 맡았는데 돈이 엄청 드는 일이었거든.

"말씀해 보세요. 혹시 제가 도와 드릴 수 있을지도 모르잖습니까."

"있긴 있는데 돈이 워낙 많이 드는 일이라네. 한 백만 환이면 되려나 모르겠어."

말이 나온 김에 다 말해 버렸지, 뭐. 어차피 양 사장이 도울 수 있는 일도 아닐 거라고 생각했거든. 그랬더니 양 사장은 자기한테 다 생각이 있다면서 가더구나. 솔직히 설마 했단다.

그런데 며칠 뒤 양 사장이 활짝 웃으며 들어오지 뭐야.

"박사님, 백만 환입니다. 얼른 열어 보세요."

가방을 열어 보니 현금 백만 환이 들어 있지 뭐야. 보통 사람은 구경도 못 해 볼 만큼 큰돈이었지. 너무 놀라 아무 말도 못 하고 있으니까 양 사장이 설명을 해 주더라고. 아주 큰 거래처 사장인 구인회 사장에게 내 이야기를 했더니 두 말도 하지 않고 내주더라는 거야.

세상에, 그게 다 하느님이 도와주신 게 아니고 뭐겠어.

아무튼 양 사장 덕분에 연구 과제를 훌륭히 해 낼 수 있었단다. 연구 과제는 간을 자세히 연구하고, 크게 잘라 내는 것이었어. 간은 우리 몸에서 가장 중요한 일을 하는 장

기인데, 전에도 말했지만 거의 핏덩이로만 이루어져 있어서 수술하기가 몹시 어려워. 병든 자리가 넓으면 넓을수록 더 힘들어지지.

그런데 연구 과제를 해결한 덕분에 간을 칠십 퍼센트까지 잘라 내는 수술에 성공할 수 있었어. 어려운 말로 간 대량 절제술에 성공한 거였지. 간에는 피가 흐르지 않는 아주 가느다란 선이 있는데 그 선을 따라 잘라 내면 간을 아주 많이 잘라 내도 살 수 있게 된 거야.

그러자 의학계에서는 난리가 났어. 그 일로 간 수술 실패율이 일 퍼센트 아래로 떨어졌거든. 간이 병든 사람들을 죽음에서 구해 내게 된 거야. 얼마나 많은 목숨을 구하게 되었느냐고?

그건 하느님만이 아시지. 앞으로 생길 환자는 우리 힘으로는 셀 수도 없을 테니까.

그런데 말이야, 기적이 기적을 일으키나 봐. 얼마 뒤 다른 부자가 또다시 백만 환을 기부했거든. 난 그 돈으로 생물학 교실에 꼭 필요한 기계를 들여놔 주었단다. 기적은 또 일어났어. 그때부터 여기저기에서 서로 돕겠다고 줄을 서기 시작한 거야.

큰돈으로는 아니었어도 남은 평생 동안 나를 도와준 사람들도 많단다. 내가 보여 준 아주 작은 사랑이 아주 큰 사랑으로 되돌아온 거야.

아주머니 한 분은 아들의 병을 고쳐 주어 고맙다며 병원에서 나오는 모든 빨래를 맡아하셨어. 복음 병원에 눌러 살면서 혼자 힘으로 공부해 복음 병원 검사실을 우리 나라에서 최고 수준으로 끌어올린 사람도 있어. 나에게 무료로 척추 수술을 받고 나서 건강해지자 은혜를 갚기로 마음먹은 거야.

대단하지 않아?

그래, 한마디로 기적이야. 사랑이 아니면 그런 기적은 일어날 수가 없지. 암, 그렇고말고.

사기를 치려면 크게 치라고 해

　세상에는 아름다운 사람들이 참 많다고 했던 말 생각나? 1968년 어느 날, 난 또 한 사람의 아름다운 청년을 만났어. 바로 채규철이야. 채규철은 어떻게 하면 우리 나라 농민이 잘살 수 있을까 하고 무척 고민했단다. 그래서 농업이 발달한 덴마크에서 공부도 하고 세계 여러 나라를 돌며 몸으로 배우고 왔지.

　채규철은 나에게 덴마크에서 보고 배운 의료 보험 제도

를 설명해 주었어. 남의 나라 사람인 자기까지도 그곳에서 의료 보험 덕을 톡톡히 보았다면서 말이야.

"돈 한 푼 없는데 병이 나니까 눈앞이 캄캄하더라고요. 그것도 남의 나라에서요. 공짜라면서 퇴원하라고 하는데, 이게 꿈이냐 생시냐 싶더라니까요. 야, 우리 나라도 이래야 하는데 싶은 게, 그 나라 국민이 얼마나 부러웠는지 몰라요."

나도 잘사는 나라들이 하고 있는 의료 보험 제도를 부러워하던 터라 우리는 금방 뜻이 통했단다.

"무척 어렵고 힘든 일이 되겠지만 안 될 것도 없지. 복음 병원도 무작정 열었는데, 어쨌든 지금까지 잘해 오고 있지 않은가. 우리가 시작하면 하느님께서 알아서 밀어 주실 걸세."

"그럼요! 하느님은 아마 우리가 시작하기만을 기다리실 거예요!"

우리는 그때 의료 보험 생각만 해도 그렇게 행복할 수가 없었어.

1968년 봄, 당장 청십자 의료 보험 조합을 세웠단다. 청십자는 미국의 의료 보험 제도에서 이름을 딴 건데, 여러 사람들이 다달이 꼬박꼬박 돈을 내어 아픈 사람이 생기면 그 돈으로 치료하는, 건강 계 같은 거야.

그때는 식구 가운데 누가 큰 병에라도 걸리면 웬만한 부자가 아니고는 쫄딱 망하던 때였단다. 당장 수술이라도 해야 하면 갑자기 그 큰돈을 어디 가서 꾸느냐고.

급한 마음에 비싼 고리채를 빌렸다가 비싼 이자를 갚다, 갚다 도저히 못 갚게 되면 그걸로 그 가족은 끝인 거야. 집안을 망하게 하느냐 그냥 앓다가 고통 속에 죽을 것이냐, 두 길뿐이었지. 무료로 수술을 받지 않는 한 거의 모든 사람이 그랬던 거야. 의료 보험 제도야말로 무엇보다 가장 필요한 제도였어.

그런데 마른 하늘에 날벼락이라고, 끔찍한 일이 벌어졌단다. 채규철이 교통사고를 당해 온 몸에 심한 화상을 입고 만 거야. 채규철의 얼굴을 보는 순간 눈물이 펑펑 쏟아지더구나. 머리카락은 다 타 버려서 살에 녹아 붙고, 얼굴은 숯덩이이고……. 화상이 너무 심해서 죽은 목숨이나 다름없었어.

"채 선생! 채 선생! 내 말 들려요?"

정신없이 소리쳤지. 채규철이 그 말을 들었어.

"박사님! 저, 곧 죽을 것 같아요. 제가 죽어도 우리 하던 일 박사님께서 꼭 마무리하셔야 합니다. 꼭이요!"

그러고는 정신을 잃더구나.

그때 채규철은 서른한 살, 어린 아들과 착한 아내가 있는 가장이었어.

"장 박사님 좀 불러 주세요! 장 박사!"

채규철은 목숨이 꺼져 가는 고통 속에서도 나 아니면 수술을 안 받겠다고 했대. 죽어도 내 앞에서 죽겠다고. 그 말을 들으니 더 억장이 무너지더구나. 당장 화상 전문병원 의사에게 도움을 청했지.

그런데 또 한 번 억장이 무너졌지 뭐야. 미국인 의사가 채규철을 보더니 팔다리를 잘라야 한다는 거야. 그래도 살 수 있을지 없을지 모른다면서.

세상에! 도저히 그럴 수는 없었어. 평생을 심한 화상을 입은 모습으로 살아야 할 텐데 어떻게 팔다리마저 자른단 말이야.

난 절대로 안 된다고 했어.

"팔다리 다 잘라 내고 목숨만 달랑 붙여 놓고는 어떻게 사람 구실을 하라고 합니까! 전 그렇게는 못 합니다! 사람 목숨은 하느님께 달려 있는 것입니다. 의사가 할 일은 최선을 다하는 것뿐입니다."

수술이 얼마나 오래 걸렸는지 기억도 안 나. 아무튼 하느님이 보살피신 게 틀림없어. 채규철이 목숨을 건졌으니까. 하지만 화상이 심해 고통을 느끼지 않게 될 때까지는 아주 오랜 시간이 흘러야 했지. 상처를 소독하고, 약을 바르고, 붕대를 감고, 다음 날 또다시 그 일을 되풀이하길 일 년도 넘게 했어.

채규철은 그 고통스러운 시간을 꿋꿋하게 견뎌 냈단다.

나도 채규철과 한 약속을 지키기 위해 힘든 시간을 견뎌

냈지. 의료 보험이 뭔지 알 리 없는 사람들이 날 사기꾼으로 몰았거든.

"담배 한 갑이 백 원, 자장면 한 그릇이 오십 원인데, 한 달에 육십 원만 내면 공짜로 진료해 준다는 게 말이 돼? 사기를 치려면 좀 크게 치라고 해. 쩨쩨하기는……."

한 달에 육십 원만 내면 모든 검사를 공짜로 해 주고, 치료비도 팔십 퍼센트나 깎아 준다고 하니 믿어지지 않았던 거지.

처음엔 회원이 적으니까 치료비로 쓰고 나면 터무니없이 돈이 모자랐어. 육 년이 지나서 회원이 만 명이 되니까 그제야 돈이 좀 남더구나. 남는 돈은 어떻게 했느냐고? 전보다 더 많이 깎아 주었지!

시간이 지나자 사람들은 의료 보험이 훌륭한 제도란 걸 깨닫기 시작했어. 마침내 의료 보험 운동은 전국으로 퍼져 나갔지. 비로소 국가가 나서기 시작한 거야. 직장 의료 보험이 생기더니 공무원 의료 보험이 생기고, 교직원 의료보험이 생기더니 농어촌 의료 보험이 생겼지.

그러더니 1989년에는 온 국민이 혜택을 받을 수 있는 의료 보험 시대가 열렸어. 나와 채규철, 우리 두 사람의 꿈이 이루어진 거야.

'건강할 때 이웃 돕고, 병났을 때 도움받자.'는 구호를 내걸고 청십자 의료 보험 조합을 시작한 지 이십이 년 만이었어.

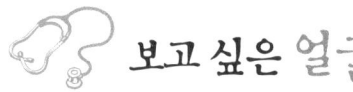 보고 싶은 얼굴

　세월은 참 빨라. 장가간 게 엊그제 같은데 벌써 할아버지라니……. 하지만 아무리 늙어도 의사는 의사지. 죽기 전에 한 사람이라도 더 치료하고 죽고 싶더구나. 그래서 일흔이 넘어서도 날마다 서른 명이 넘는 환자를 진료했지. 한 주에 서너 번씩 수술하고.
　당뇨병도 걸리고 심장도 좋지 않았지만, 내 몸 돌볼 시간이 어디 있어.

그런데 어쩔 수 없는 건, 나이가 들수록 북에 두고 온 가족과 고향이 점점 더 그리워지더라는 거야. 1983년에 텔레비전에서 남북 이산가족 찾기를 할 때는 날마다 울었어.

그 뒤 두 해가 지난 어느 날이었어. 정부 기관에서 사람이 찾아왔더라고. 무슨 일인가 했더니, 북한에 가서 가족들을 만나고 오라는 거야. 심장이 두근두근하면서 이게 꿈인가 생시인가 싶더라.

그런데 이게 웬일이야? 사회 지도층 인사라는 사람, 그러니까 나름대로 배워서 뭣 좀 한다는 사람 가운데 몇 사람만 간다지 뭐야. 난 못 가겠다고 했지. 그랬더니 왜 그러느냐는 거야. 화가 나데.

"그걸 몰라서 묻는 거요? 이산가족이 어디 우리 몇 사람뿐입니까? 어떻게 우리만 가족을 보러 갑니까?"

끝내 나는 안 갔어. 종교인하고 장관, 공무원 몇 사람만 갔어.

마음이 무척 복잡하더구나. 또 한 번 가족을 버린 것 같았거든. 하지만 후회하지는 않았어. 그런 식으로 가고 싶진 않았으니까. 그때부터 이제나저제나 가족을 만날 날만 기다렸어. 길은 열릴 듯 열릴 듯 열리지 않았지. 점점 지치더라.

그러던 어느 날, 국제 적십자 회의에서 돌아온 사람이 가족 소식을 전해 주지 뭐야.

"장 박사님, 가족 모두 잘 계신대요. 큰아드님은 약학 박사가 되어 국제회의에 참석하러 외국에 자주 나온답니다."

큰아들 택용이 죽지 않고 살아 있다니 얼마나 다행스럽던지 눈물이 흐르더구나. 셋째는 식품 회사 연구원, 넷째는 암 연구소 연구원, 다섯째는 의대 교수, 여섯째는 중학교 교사라고 했어. 아내 혼자 다섯 아이를 훌륭히 키워 내는 동안 나 혼자만 편히 산 것 같아 얼마나 미안했는지 모른단다.

얼마 뒤에는 꿈 같은 소식이 날아왔단다. 장남 택용이가 리스본에 온다고 미국 사는 사촌 형님 맏딸이 전화한 거야. 아들을 볼 수 있다니 믿어지지가 않더구나.

부랴부랴 리스본으로 날아갔지.

리스본에 닿은 나는 그만 그 자리에 주저앉고 말았단다. 택용이가 사흘 전에 북으로 돌아갔다는 거야. 그날 얼마나 울었는지 몰라.

택용이는 만나지 못했지만 그래도 신용이가 제 사촌 언니한테 보낸 편지는 보았어.

언니, 보내 주신 사진 잘 받았어요. 어머니가 아버지와 가용 오빠 사진을 보시고는 누구냐고 물으셨어요. 아버지가 젊어 보여 어머니가 못 알아보실 만도 했어요. 어머니는 꼬부랑 할머니가 되셨거든요.

제가 이 사람은 가용 오빠고, 이 사람은 아버지라고 가르쳐 드렸어요. 그랬더니 어머니는 '이렇게 사진으로 만나다니……' 하시면서 오랫동안 우셨어요.

아버지가 그렇게 훌륭한 일을 하고 계신다니 얼마나 자랑스러운지 몰라요. 어머니도 아버지 이야기를 듣고 자랑스러워하셨어요. 그러시면서 '네 아버지는 원래 남 추운 것 못 보고, 남 배고픈 것 못 보는 분이란다. 내가 밥을 굶는 것도 모르셨지.' 하셨어요.

편지를 끌어안고 엉엉 울었단다. 집에 쌀이 있건 없건 툭하면 거지를 데리고 와 밥을 차리게 한 것도 미안했고, 아내 몰래 거지 밥하고 내 밥을 바꿔 놓은 것도 미안했어. 내가 볼까 봐 튼 손을 몰래 감추던 아내…….

나는 아내에게 답장을 썼단다.

잘 지내고 있다니 얼마나 다행인지 모르오.
난 요즘 당뇨 때문에 고생이라오.
다시 만날 때까지 건강하게 살아 있으시오.

겨우 세 줄짜리, 멋대가리 없는 편지였어.
그날부터 잠을 잘 수가 없었단다.
그러던 어느 날, 아주 귀한 소포가 왔어. 아내 사진하고 가족사진, 아내가 부른 노래가 담긴 테이프 한 개, 그리고 아내가 쓴 편지였어. 미국에 사는 조카며느리가 북한에 가서 아내를 만나 받아 온 거였지.

　아내 사진을 보는 순간, 내 눈이 잘못되었나 싶었어. 몹시 야윈 할머니가 나를 바라보고 있는 거야. 넋이 나가더라.

"당신이 꼬부랑 할머니가 되도록 나만 혼자 잘 먹고 잘 살았구려……."

아내 사진을 쓰다듬는데 눈물이 쏟아지더구나.

편지 봉투를 뜯을 때는 가슴이 막 떨렸단다.

그립고 보고 싶고 또 그리운 당신에게

늘 기도 속에서 당신을 만납니다.

저에게 미안해하지 마세요. 저 혼자 아이들을 키운 게 아니랍니다.

힘든 일이 생길 때마다 저는 제 마음속에 있는 당신에게 물었습니다.

어떡하면 좋겠느냐고.

그때마다 당신은 당신 생각을 말해 주었습니다.

그러면 전 그대로 했습니다.

그러면서 아내는 부모님 돌아가신 날짜를 이야기해 주었어. 두 분 다 내 꿈에 나타나신 지 꼭 일주일 만에 돌아가

셨더구나. 돌아가시기 전에 나를 보려고 꿈에 찾아오셨던 거야. 아내는 내게 부탁하는 말로 편지를 끝냈단다.

다시 만날 때까지 죽지 말고 살아 있어 주세요.

그때 내 마음을 누가 알까. 죽어서 헤어진 거라면 그렇게까지 가슴 아프진 않았을 거야.
카세트테이프에서는 아내의 노랫소리가 흘러나왔어. 그 옛날 우리 둘이 부르던 노래였지.

울 밑에 선 봉선화야
네 모양이 처량하다
길고 긴 날 여름철에
아름답게 꽃필 적에
어여쁘신 아가씨들
너를 반겨 놀았도다

눈물이 폭포처럼 쏟아지더구나. 얼마나 울었는지 모른단다. 그날부터 머리맡에 아내 사진을 두고 잤어. 그렇게라도 아내 얼굴을 볼 수 있으니 얼마나 다행이었는지 몰라.

그러던 어느 해, 참 기쁜 소식이 들려왔어. 누구나 신청하면 순서대로 북한에 갈 수 있게 해 준다는 거야. 얼른 신청했지. 하지만 그날은 오지 않았어. 남북이 사소한 일로 다투다가 없던 일로 해 버린 거야. 억장이 무너지더구나.

이런저런 충격 때문인지 난 그만 뇌졸중으로 쓰러지고 말았단다. 깨어 보니 한쪽 팔이 말을 듣지 않더구나. 그래서 한 팔로 환자를 진료했지. 그러던 어느 여름, 연합 기독 병원 후배가 찾아와 말하지 뭐야.

"남한에서 허락만 하면 가족을 만날 수 있게 해 주겠답니다!"

나 몰래 북한의 높은 사람에게 부탁을 한 거야.

"몇 번을 말해야 알겠나. 난 안 가네. 나만 특별 대접을 받을 순 없어! 사람이 자기 혼자만 살겠다고 하면 못쓰는 거야."

그래도 이제나저제나 하고 가족들 만날 날만 기다렸단다. 하지만 좋은 소식은 들리지 않았어. 언젠가 한번은 꿈에 막내딸을 안아 보려는데 손동길이 깨우지 뭐야. 얼마나 안타까웠는지 몰라.

손동길은 삼십 년을 넘게 나와 살면서 나를 보살펴 준 아주 고마운 사람이야. 막내아들이나 다름없었지. 손동길은 내 눈이 통통 부어 있으면 싱긋 웃으며 말했단다.

"어제, 또 우셨어요?"

기다림에 지치고, 그리움에 지치더구나. 몸과 마음이 약해질 대로 약해지고. 나이 탓도 있었지. 그때 벌써 여든이 넘었으니까. 그래도 하루에 환자 열 사람은 꼭 진료했으니까 걱정 안 해도 돼. 난 의사잖아.

그래, 이제 마지막 날을 이야기할 때가 된 것 같구나.

1995년 12월 25일, 크리스마스 날 새벽이 내가 이 세상에서 보낸 마지막 시간이야.

그날, 밤늦게 복음 병원 옥탑방에 누웠어. 겨울에는 좀 춥고 여름에는 좀 덥지만, 나에겐 분에 넘치는 집이었지. 자식으로서, 부모로서, 남편으로서 아무것도 해 준 것이 없는 걸 생각하면 궁궐이나 다름없었어.

머리맡에 놓아둔 아내 사진을 들여다보고는 눈을 감았어. 얼마 되지 않아 잠이 오면서 몸이 풀처럼 가벼워지더구나. 오랜만에 푹 자려나 보다 했지.

그때 멀리서 할머니 목소리가 들려왔어.

"금강석아……."

내가 꿈을 꾸고 있나 보다 했단다.

할머니가 손을 내밀며 빙그레 웃으셨어.

"우리 금강석이, 그 동안 고생 많았다. 이제 좀 쉬려무나."

"할머니……."

손을 뻗어 할머니 손을 잡았어. 배를 문질러 주시던 때처럼 따스했지. 마음이 편해지면서 나도 모르게 웃음이 나더구나. 난 할머니께 어느 이야기부터 해 드리면 좋을까 하고 생각했단다.